능력있는 속장 세우기

CMI 지도자훈련 _ 기본 3
능력있는 속장 세우기

초판 1쇄 인쇄 2016년 5월 24일
초판 1쇄 발행 2016년 5월 31일

지은이 김철한
펴낸이 이 철
펴낸곳 C M I
편집인 박동찬, 기독교대한감리회 교육국
등록 제300-2014-155호
주소 110-730 서울특별시 종로구 세종대로 149 감리회관 13층
전화 (02)399_3959 (대표)
팩스 (02)399_3940
홈페이지 www.cmi.ne.kr

기획편집 장이려, 서의영
디자인 하늘공작소(02_416_3076)

ⓒ 속회연구원
ISBN 979-11-954307-6-5

- 이 책은 저작권법에 따라 보호받는 저작물이므로 무단전재와 무단복제를 금지하며, 이 책의 전부 또는 일부를 이용하려면 CMI출판사의 서면 동의를 받아야 합니다.
- 잘못된 책은 구입한 서점에서 교환하여 드립니다.

CMI 지도자훈련 _ 기본 3

능력있는 속장 세우기

김철한 지음

인 사 말

속회가 건강해야 교회가 건강합니다

　기독교대한감리회 교육국과 속회연구원이 협력하여 『능력 있는 속장 세우기』라는 속장 양육교재를 출판하게 되어 매우 기쁩니다. 경기연회에서 감독을 지내신 김철한 목사께서 쓰신 이 책 속에는 그의 오랜 목회생활의 철학과 경험이 담겨져 있습니다. 그는 지역교회에서 속회를 통해 교회를 부흥시킨 목회자로서 속회를 돌보고 연구하여 속장들을 훈련해 온 목회생활의 모든 노력과 흔적을 이 책에 담았습니다.

　이 책은 모두 13장으로 구성되어 있습니다. 각 과는 능력 있는 속장 세우기를 위한 구체적인 내용으로 구성되었습니다. 특별 부록은 교회에서 누구나 시행할 수 있는 속회 관련 기획안, 도표 등 담임자와 속장으로서 알아야 할 내용들이 수록되어 있습니다.

　속회는 교회 안의 또 다른 작은 교회입니다. 속장은 이 작은 교회의 목자입니다. 건강한 속회, 교회를 이끌어 가기 위해 속장의 열정과 노력도 있어야 하지만 속회 전문가로서의 뛰어난 전문성도 갖추어야 합니다. 그런 면에서 이 책은 속장들이 꼭 읽어야 할 필독서가 되어야 할 것이라 생각합니다.

　또한 감리교회의 목회자라면 누구나 가지고 있어야 할 필독서 중의 하나라고 생각합니다. 왜냐하면 이 책은 감리교회의 속장들을 교육하기에 가장 적합한 교재이기 때문입니다. 목회생활의 많은 경험을 바탕으로 집필된 이 책이 한국 감리교회의 모든 교회에서 사용되어져 전국 방방 곳곳의 감리교회가 건강한 교회로 세워져 가는 것을 보는 것이 교육국 총무인 저의 간절한 소망입니다.

　　감리교회 목사님들과 교우 여러분, 진정으로 사랑합니다. 섬기시는 교회 위에 주님의 은혜와 평강이 가득하시길 기도합니다.

기독교대한감리회 본부교육국 사무실에서

교육국총무 _ 김 낙 환 목사

프롤로그

　교회학교 시절을 지나 장년 예배에 참석하면서 받은 주보에는 처음 보는 단어가 있었다. 「속회 보고서」란에 있는 '속회'란 단어였다.

속회란 무엇인가?

　속회에 대한 궁금증을 갖고 신학교에 왔지만 그에 대한 제대로 된 설명은 듣지 못했다. 그리스도인의 성화와 완전에 대한 신학적 이야기만 들었다. 신학교 졸업 후 농촌 목회를 시작했는데 주보를 만들 때 매주 속회 모임 보고서를 게재하였다. 속회가 무엇인지 잘 알지 못하면서도 속회란 단어에 익숙하게 자란 터라 속회가 없어지면 목회에 실패하는 것으로 알고 52주 속회 관리를 하였다. 속회는 무조건 지켜내야 하는 것이 나의 목회 과제였다.
　그 후 인천 내리교회에서 부목사 생활을 마치고 지금의 오목천교회로 부임하며 30년간 목회를 하면서 가졌던 속회에 대한 질문의 답을 구체적으로 찾기 시작했다. 그 과정 속에서 속회 중심 목회의 절대적 필요를 깨닫게 되었다.

　웨슬리에 의하여 1742년에 시작된 속회는 평신도 운동의 자리였다. 속회는 교회 안의 작은 교회로서 교회를 교회되게 하는 교회 본질의 문제였다. 무조건 '속회 지켜내기'로 사역할 것이 아닌, 예수님을 따르는 성도들을 돌보고 세워서 사명의 전위대로 만들어야 하는 것임을 알게 되었다. 속회는 생명의 구조대인 것이다.
　내해 속회의 문제점과 속회의 개선할 점을 돌아보니 속회 모임의 성패를 위해서는 훈련된 속장이 세워져야 함을 알게 되었다. 어떤 속회는 무너질 것 같은 구성원들로 시작하지만 든든하고 건강한 속회 모임이 되고, 어떤 속회는 좋은 구성원으로 시작하지만 시들어버리고 활력을 잃은 속회 모임이 된다. 물론 구성원들의 문제도 있었겠지만 가장 큰 부분은 속장의 문제였다. 그래서 많은 시행착오 끝에 속장을 훈련하는 일을 최우선의 과제로 삼게 되었다.

어떻게 속장을 훈련할까?
어떤 내용으로 훈련할까?
얼마만큼의 시간으로 훈련을 해야 할까?

여러 자료들을 참고하며 많은 방법들을 시도한 끝에 속장을 세우기 위해 필요한 훈련 과목을 구성했다. 그리고 그것들이 교회마다 능력 있는 속장 세우기를 위해서 한 걸음 다가가는 과정이라 믿고 책으로 만들게 되었다.

그동안 여러 번 바뀐 훈련 과정에 함께 한 오목천교회의 성도들의 인내에 감사드린다. 실험 속회에 참여한 속회에도 감사드린다. 그리고 건강한 평신도 중심의 목회, 속회 중심의 목회, 교회를 교회 되게 하고 싶은 목회에 관심 있는 목회자들이 있다면 이 책을 참고삼아 섬기고 있는 교회에 맞도록 첨삭하여 사용되어지기를 기대한다.

나는 교회마다 속장을 통해 속회가 살아 움직이고 속회 구성원들이 예수님을 닮아가는 신앙 성숙이 일어나길 꿈꾼다. 나처럼 '속회가 무엇일까?' 하며 궁금하던 사람이 있었다면 이 책을 통해 속회 중심 목회의 중요성을 깨달으며, 덕분에 즐거운 목회가 되었다고 고백하는 동역자들이 많이 나타나기를 기도한다.

오목천교회 담임목사

_ 김 철 한

목회자를 위한 속장 세우기 전략   10

Chapter 01 속회란 무엇인가?   19

Chapter 02 어제의 속회와 오늘의 속회 – 그 현주소   28

Chapter 03 속회목표 세우기   41

Chapter 04 목자로서의 속장   49

Chapter 05 속회원의 돌봄과 분가   58

Chapter 06 예비 리더 양육   68

Chapter 07 하나님의 통치를 받는 말   77

Chapter 08 건강한 속회를 위한 갈등극복   85

Chapter 09 속장의 영성체험 – 성령의 기름 부음과 능력   97

Chapter 10 속회행정 – 조직과 관리   105

Chapter 11 속회모임의 실제   114

Chapter 12 소그룹 속회전도   124

Chapter 13 속장 수련회   134

부록   137

목회자를 위한
속장 세우기 전략

훈련된 사람의 중요성

하나님의 사역에는 사람이 중요합니다. 어떤 사람인지, 어떤 안목을 갖고 살도록 훈련 되었는지는 매우 중요합니다. 준비되지 않은 사람이 하나님의 일을 맡는다면 실패하기 쉬울 것입니다.

하나님은 자기 백성의 구원 사역을 위해 모세를 광야에서 40년간 훈련시키셨습니다. 또 이방인의 구원 사역을 위해 바울을 최소 3년(또는 13년) 이상 훈련시키셨습니다. 하나님의 일꾼은 하나님에게 초점을 맞추며, 하나님 뜻에 순종하는 사람이어야 합니다. 하나님의 사역은 거룩하며 생명에 관한 것이기에 아무에게나 맡길 수 없기 때문입니다.

하나님의 뜻을 이루어가는 건강한 교회가 되려면 소그룹이 활성화되어야 합니다. 웨슬리의 유산인 속회야말로 건강한 교회를 세우는 이 시대의 대안입니다. 문제는 속회를 살려내기 위해서는 사람이 필요한데, 많은 교회들이 사람 세우기를 훈련 없이 실시하고 있다는 것입니다. 속장 세우기는 반드시 준비가 필요합니다. 농사를 짓기 위해 먼저 땅을 갈듯이 철저한 준비가 요구됩니다. 훈련된 사람을 속장으로 세우면 속회가 살고, 교회가 살고, 목회가 삽니다.

교재의 목적

로렌스 리벨(R. Rebel)은 "교인 중 20%는 기도하지 않는다. 교인 중 25%는 성경을 읽지 않는다. 교인 중 30%는 교회에 출석하지 않는다. 교인 중 60%는 저녁예배에 참석하지 않는다. 교인 중 70%는 선교헌금을 내지 않는다. 교인 중 80%는 기도회에 참석하지 않는다. 교인 중 90%는 가정예배를 드리지 않는다. 교인 중 95%는 전도하지 않는다. 99%는 주님께 인도한 영혼을 양육하지 않는다."고 말했습니다. 즉 1%의 평신도만이 사역자의 마음을 가졌다는 것입니다.

이 교재의 교과 과정의 목적은 여러 가지입니다. 속장으로 세워지는 한 사람 한 사람의 인성, 전문성, 영성을 개발하는 것을 시작으로 마지막엔 모든 성도가 사역자로 변화되는데 있습니다. 본 속장 세우기 과정의 목표는 사역자의 마음을 지닌 속장을 세우는 것입니다.

속장 세우기 전략과 일정

속장을 세우기 위해서는 교재의 13주 과정뿐 아니라 큰 그림을 보고, 전체적인 면에서 전략을 세워야 합니다.

| 오목천교회 속장 세우기 |

계획 \ 월	1월	2월	3월	4월	5월	6월	7월	8월	9월	10월	11월	12월
1) 밭 갈기	→	→	→	→	→	→	→	→	→	→	→	
2) 속회 지도자학교							→	→	→	→	→	
3) 홍보									→	→		
4) 면담	→	→	→	→	→		→	→	→	→		
5) 화력집중	→						→		→			
6) 임명예배	→											

1) 밭 갈기

비전 제시
첫째, 담임자는 성도들에게 비전을 제시하여 속회의 중요성을 깨닫게 합니다. 설교와 수련회, 세미나 등을 통해 건강한 교회로 나아가는 길이 속회에 있다는 비전을 제시합니다.

둘째, 교회가 지역 사회에 거룩한 영향력을 미치는 지름길은 집에서 모이는 속회에 있음을 강조합니다.

셋째, 가능하다면 교회의 비전을 설명하는 인쇄물을 만들어 성도들에게 제공하고 비전 선포식을 갖습니다.

기도하기
회중은 안일(安逸)을 추구합니다. 회중은 변화를 싫어하며 견고한 진을 치고 있습니다. 이것을 깨뜨리는 것은 기도하는 무릎입니다. 교회 전통의 진, 굳어진 신앙형태 등을 바꾸는 것은 기도뿐입니다. 기도할 때 새로운 대안이 생겨납니다. 기도의 기초 위에 서있는 교회의 모든 일들은 형통합니다. 기도하기를 게을리 하지 마십시오.

시스템 만들기
① 속회 성장부 조직
　　속장을 지지하고 격려할 수 있는 충성된 사람으로 구성합니다. 이들은 사역자의 마음으로 섬기는 평신도 조력자들입니다. 목회사역의 동반자입니다. 속회 성장부 조직을 자세히 이해하려면 '부록12, 13'를 참고하십시오.

② 속장에게 임무를 부여
　　인도자와 속장의 이원화를 폐지합니다. 속장은 섬김의 자리요, 은사 중심의 배치이며, 결코 계급의 자리가 아님을 반복해서 언급합니다.

2) 속회 지도자학교

　속장을 세우는 속회 지도자학교를 선포합니다. 일정, 강의 내용과 방법, 장소 등을 담은 일정표를 인쇄물로 제시합니다. 지도자학교 중에 목회자와의 면담이 함께 진행됨을 알립니다. 이 면담을 통해 속장을 세우고, 그 속장에게 사명감을 심어주며, 속회는 하나님께서 맡겨주신 사역임을 깨닫게 합니다. 지도자 학교에 관한 자세한 내용은 '부록3'에서 확인할 수 있습니다.

3) 홍보

　속장을 세우기 위한 훈련이 진행됨을 홍보합니다. 처음에는 기존 속회 지도자를 대상으로 합니다. 그들이 지도자학교에 대한 기대감을 갖도록 해줍니다. 또 교회 전체적으로 일정, 강의방법, 장소와 지도자학교의 목표가 적힌 인쇄물을 나누어 줍니다. 교회에 중보 기도팀이 있으면 속장 세우기가 성공적으로 이루어지도록 기도제목을 나누고 기도의 후원을 받습니다. 예배 시간에 관련 영상물을 활용하는 것도 좋은 방법입니다. 현수막이나 주보, 잡지, 인터넷을 통하여도 소개합니다.

4) 면담

　분위기가 좋은 장소를 선정하여 편한 대화를 이끌도록 합니다. 또 담임목사는 반드시 면담 전에 속회 지도자학교에 나오는 이들의 신상정보를 파악합니다. 면담자의 삶의 이해를 바탕으로 사명감을 고취시킬 수 있는 말을 합니다.
　① 사람이 없기 때문에 당신이 사역해야 된다는 말을 해서는 안 됩니다. 오직 속회는 건강한 교회로 가는 지름길임을 밝히고 그 놀라우신 하나님의 사역에

초대되었음을 말하며 속회 사역이 얼마나 중요한 일인지를 강조합니다.
② 자원하는 사람과 머뭇거리는 사람을 구분합니다.
③ 자원하는 사람은 결단의 기도를 해주고, 머뭇거리는 사람은 한 주간 기도해 보라고 말해주며 기다리겠다고 합니다.

5) 화력집중

속회과 속장 세우기에 목회의 화력을 집중합니다. 교회의 공예배 및 모든 행사를 속회에 초점을 두고 진행합니다. 설명을 위해 오목천교회의 예를 들어 보겠습니다.

교육
① 새가족 교육
5주에 걸쳐 새가족 교육을 실시합니다. 1-4주차 때에는 기본적인 새가족 교육을 실시하고, 5주차에는 담임목사와의 면담시간을 갖습니다. 이때에 목회자는 새신자들을 속회로 파송하는 기도를 해줍니다.
② 신앙교육 - 『아버지와 아들』, 구원론
구원의 기쁨과 감사를 경험하고 하나님의 마음을 지니게 합니다. 그리고 마지막 시간엔 속회 소그룹 활동에 참여할 수 있도록 권면합니다.

설교
속회에 대한 적절한 언급이 있는 설교로 준비합니다. 속회가 성경적인 기초이며 성경대로 순종하는 삶임을 알려줍니다. 속회를 세우기 위한 설교 샘플은 '부록7'에 있습니다.

교회의 분위기 - 영적 색깔 제시

교회가 속회 중심의 목회로 가기 위해서는 두 개의 기둥이 필요합니다. 하나는 성령이요, 다른 하나는 말씀입니다. 성령으로 하는 목회 사역을 위해 두 권의 책을 읽게 하고 성령의 은사와 열매에 대해 알게 합니다(『부흥을 갈망하라』, 『성령의 나타나심』). 또 말씀으로 하는 목회를 위해서도 두 권의 책을 추천합니다(『성경? 성경, 성경!』, 『신앙의 길』). 그리고 교역자를 중심으로 '성경 공부반', '평신도가 이해하는 세미나'를 운영합니다.

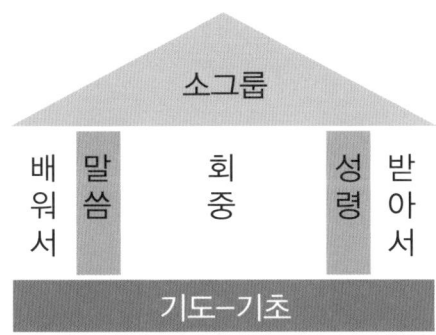

기둥을 세우기 위해선 튼튼한 기초가 필요합니다. 기도라는 기초 위에 목회의 기둥을 세워야합니다.

① 중보기도학교

『회복과 부흥으로 가는 중보기도학교』 교재로 기도훈련을 합니다.

② 기도 프로그램

7-24 기도회, 깃발기도회, 새벽기도회, 그룹별 릴레이 기도회, 제단기도회(3,000시간 달성), 매일 매시 한 시간 중보기도회. 10만 시간 기도행진 - 기도의 자리를 만들어줍니다.

③ 선교회를 통한 기도 훈련

심화된 중보기도의 생활을 위해서 선교단체와 협력하여 월요기도학교를 운영합니다.

훈련

제자훈련학교를 통해 다양한 경험을 하는 제자가 되도록 이끕니다. 본 학교의 교과과정은 말씀묵상, 하나님을 경험하는 삶, 예배, 영적 전쟁, 제자도, 세계 선교, 성경적 가치관 이해, 리더십, 부흥운동사 등으로 이루어집니다.

행정
① 속장에 대한 관심, 지원, 대우
② 목회와 연결 짓기
　교회의 각종 행사, 예를 들어 체육대회, 수련회, 바자회, 단기선교 등에 속회가 참여하는 방안을 마련합니다.

6) 임명예배

① 임명예배 전 기도원 모임을 갖습니다.
② 헌신 서약서를 임명한 속장들에게 받습니다.
③ 임명예배 시 속장에 임하는 각오 등을 말하는 순서를 넣습니다.
④ 임명예배 후 교구별 기도회를 합니다.

계속 교육의 개발

속회 지도자학교를 통해 속장이 세워졌습니다. 이제 그들을 어떻게 계속적으로 훈련하고 가르칠지의 문제가 남습니다. 매주 한 번씩 모일수도 있고, 일정 기간을 정해놓고 계속 교육을 진행할 수도 있습니다. 방법이 어떻든 간에 중요한 것은 목회자가 속장을 지속적으로 만나는 것입니다. 이를 위해 시간과 장소를 반드시 떼어 놓아야 합니다.

목회자의 관심이 집중되는 만큼 목회의 영역은 살아납니다. 속회에 관심을 집중하고 속회를 목회의 중심으로 부상시키십시오. 목회의 모든 영역이 속회를 위해 모이게 하십시오. 그러면 교인들도 속회를 중요시하고, 삶의 우선순위에 두게 됩니다.

목회자는 하나님께 도움을 구하고 엎드려야합니다. "안 된다. 어렵다. 틀렸다."고 말하지 말고 성령의 능력을 의지하고 나아가야 합니다. 건강한 속회로의 회복을 통해 평신도가 움직이는 목회가 되면 재미있고 놀라운 열매들을 보게 될 것입니다. 진정한 평신도 활성화의 목회는 속장 세우기로 시작됩니다.

목회 사역의 최고의 성공은 사람을 세우고, 그 사람이 또 다른 사람을 세우는 데 있음을 잊지 말아야 합니다.

Chapter 01
속회란 무엇인가?

이름의 유래

　속회라는 말을 들어본 적 있습니까? 속회란 웨슬리 때에 시작한 클래스미팅(Class-Meeting)을 번역한 한자어입니다. '속(屬)'은 엮다, 붙이다라는 뜻을 지닙니다. '회(會)'는 모임이란 뜻입니다. 즉 속회란 하나님께 속하고 교회에 속한 거룩한 모임입니다. 영어로 하면 Belonging입니다. 속회란 말로 번역된 클래스미팅(Class Meeting)의 Class는 함께 모인다는 의미를 지닌 헬라어 '크레스'와 같습니다. 라틴어 '크레스'는 작은 모임이란 뜻입니다.

　행 11:23
　그가 이르러 하나님의 은혜를 보고 기뻐하여 모든 사람에게 굳건한 마음으로 주와 함께 (① 　　　　　　　) 권하니

　세계화 시대를 맞아 속회도 한자 이름 대신 속회의 원어 Class Meeting의 약어인 CM으로 병기하고 불러도 좋을 듯싶습니다.

■ 정답 : ①머물러 있으라

속회란?

일주일에 한 번 모이는 속회는 성서적인 가르침을 따르는 집에서 모이는 모임입니다. 속회는 웨슬리가 남겨준 유산으로 건강한 교회로 가는 방법입니다. 속회는 교회 안의 작은 교회로서 진정한 교회로 세워나가는 전략입니다. 속회는 성령의 능력 안에서 하나님의 임재를 체험하는 통로입니다. 속회는 그리스도인의 요람이요, 영적 생활의 둥지입니다. 무엇보다 평신도가 사역하는 자리입니다.

속회에 대한 설명으로 옳은 것은 무엇입니까? 알맞은 것을 모두 고르십시오.

① 성서적 가르침을 따르는 모임
② 교회 안의 작은 교회
③ 그리스도인의 요람
④ 평신도가 사역하는 자리

정답 : ①②③④

속회의 가치

속회는 웨슬리의 유산입니다. 그래서 속회는 21세기에 18세기의 옷을 입는 것 같아 보일 수 있습니다. 그러나 집에서 모이는 이 작은 모임은 오늘날에도 여전히 빛나는 가치를 드러냅니다. 왜냐하면 속회는 우리를 성경적인 모임으로 돌아가게 하기 때문입니다. 집에서의 모임은 성경에 근거하기에 결코 홀대해서는 안 되는 크리스천의 생활입니다. 만약 집에서의 모임이 제대로 이루어지지 못한다면 다음과 같은 상실의 문제가 나타날 수 있습니다.

① 진실한 삶의 상실
② 소속감 있는 교제의 상실
③ 역할 모델의 상실
④ 복음 전도 실천의 상실
⑤ 사역 책임의 상실
⑥ 평신도의 무한한 가능성의 상실

이는 어떤 의미에서 보면 사도행전의 교회를 재현하는 것에 실패하는 것입니다. 즉 건강한 교회에서 멀어진 것입니다.

그렇다면 이제 속회가 지닌 열 가지 가치를 되짚어보며 속회가 우리에게 주는 유익에 대해 정리해보겠습니다.

모이는 교회되기 (행 2:43-47)

마가의 다락방에서 성령을 받은 후 교회의 수가 날마다 더하여 가고, 그들은 집에서 떡을 떼며 친교하고 삶의 공동체를 형성했습니다. 집에서 모이는 모임은 기독교의 원초적 모습입니다. 모이기를 폐하는 것은 어떤 사람들의 잘못된 습관입니다. 교회를 교회되게 하는 모임은 예배당과 가정에서 열심히 쉬지 않고 있어야 합니다. 하늘의 소망을 두고 성령의 능력으로 새 삶을 사는 그리스도인이라면 믿는 자의 모임 속에서 성전이든 집이든 그리스도를 고백하고 전도하고 가르치는 일을 계속해야합니다.

행 5:42
그들이 날마다 (①)에 있든지 (②)에 있든지 예수는 그리스도라고 가르치기와 전도하기를 그치지 아니하니라

■ 정답 : ①성전 ②집

평신도 깨우기 (벧전 2:9)

교회는 성직자와 평신도로 나누어져 있습니다. 오랜 시간을 거쳐 온 이 구조는 계급화 되어 교회의 본래 사역에 쓰임 받아야 할 평신도를 얼어붙게 만들었습니다. 교회 사역은 오직 성직자의 독무대인 것처럼 되어버렸습니다.

집에서 모이는 속회는 평신도가 영혼을 돌보는 일을 하는 것으로, 기존의 목회 구조를 바꾸는 것입니다. 이것은 새로운 일이 아닙니다. 평신도 신학의 발전으로 평신도를 재발견해서도 아닙니다. 베드로전서 2장 9절의 말씀에 근거한 것입니다.

> 벧전 2:9
> 오직 너희는 택하신 족속이요 왕 같은 제사장들이요 거룩한 나라요 그의 소유된 백성이니 이는 너희를 어두운데서 불러내어 그의 기이한 빛에 들어가게 하신자의 아름다운 덕을 선전하게 하려하심이라

집에서 모이는 모임은 전적으로 평신도 사역의 무대입니다. 울고 웃고 땀 흘리며 영혼을 주께 돌아오도록 양육하는 요람입니다. 속회의 가치는 평신도에게 사역의 보람을 돌려주는 것에 있습니다. 평신도가 활성화된다면 그 힘과 결과는 어마어마할 것입니다. 그 자원의 크기를 외면하는 것은 어리석은 목회입니다. 평신도를 깨워 사역자로 삼고 함께 동역하는 것은 목회의 길을 반듯하게 가는 방법입니다.

건강한 교회구조 (히 10:39)

교회의 모임은 성전과 집, 두 곳에서 이루어집니다. 이 두 모임이야말로 교회를 가장 건강하게 세우는 구조입니다.

교회는 세상의 한복판에 서있습니다. 원수의 공격 앞에 있습니다. 당당하게 승리하는 건강한 교회가 되려면, 큰 모임, 작은 모임의 전략을 짜야 합니다. 영적전쟁의 최전방은 작은 모임, 즉 집에서 모이는 속회입니다. 후방으로서의 역할은 큰 모임, 교회가 담당합니다. 전방과 후방은 밀접한 관계를 가집니다. 전방은 피 흘리며 싸워 승리한 소식을 교회에 보고합니다. 후방은 치료하고 돌보며 전쟁의 필요한 물자들을 공급하여 전방의 영적전사들의 사기와 용기를 북돋아 줍니다.

모이는 교회는 집으로 흩어지기 위해 존재하고, 집에서의 모임은 다시 하나의 큰 모임을 위해 존재합니다. 교회의 두 모임은 위로 날아오르기 위한 두 날개입니다. 두 날개가 없는 독수리는 독수리가 될 수 없습니다. 차라리 두 날개를 가진 참새 한 마리가 두 날개 없는 독수리 열 마리보다 낫습니다.

전도의 명령실행 (막 1:38)

전도는 주님의 명령입니다. 그 누구도 이 명령 앞에 "아니오"라고 항명할 수 없습니다. 전도는 오직 순종으로 나가는 길만이 있을 뿐입니다.

최고의 전도방법은 인격 대 인격의 만남입니다. 예수천당을 외치며 집집을 방문하는 시대는 끝나가고 있습니다. 전도라는 이름으로 행하지만 오히려 눈살을 찌푸리게 만듭니다. 이제는 관계전도의 시대입니다. 관계전도란 이웃을 친구 삼는 것입니다.

속회는 이웃들과 만나는 계기가 됩니다. 내 집이 전도의 센터가 된다는 것은 집이 성소가 된다는 말과 같습니다. 삶의 고민을 나누는 곳으로의 속회는 의도하기만 하면 전도할 수 있는 장소가 됩니다. 사람과 먼저 관계를 맺는 것은 신앙인과 교회의 이미지 고양에도 좋으며, 하나님의 영광을 위한 지름길이기도 합니다. 속회를 통한 관계 전도는 전도 명령에 순종하는 대안이 될 것입니다.

은사발견과 개발 (고전 12:27)

교회의 특징은 다양성과 통일성에 있습니다. 은사는 다양한 모습을 지니지만 한 성령님께서 주신 선물이기에 반드시 한 몸을 이루는 통일성이 있습니다. 교회의 강한 힘은 은사를 발견하고 배치하여 개발하는 데 있습니다. 은사 발견은 작은 그룹에서 잘 이루어집니다. 교회가 해야 할 기능들을 속회에서 실행하다 보면 은사가 드러나게 됩니다. 또 속회에서 돌보고 가르치고 세우고 선교하다보면 은사는 저절로 개발됩니다.

홀로 외롭게 신앙생활을 하는 사람에겐 갈등이 없습니다. 무엇을 해야 한다는 부담감도 없습니다. 그러나 그의 신앙은 무기력한 병에 걸려 신음하고 있을 것입니다. 작은 그룹의 만남 속에서 부딪치고 갈등하는 가운데 자신의 약점이 보완됩니다. 성도를 성숙하고 건강하게 세우고 싶다면 속회의 자리가 제격입니다.

속회의 가치로 옳은 것은 무엇입니까? 알맞은 것을 모두 고르십시오.

① 모이는 교회되기
② 평신도 깨우기
③ 전도의 명령수행
④ 은사발견과 개발

정답 : ①②③④

공동체 (롬 12:15-16, 행 2:44-47)

교회는 본래 한 피 받아 한 몸 이룬 형제요 자매입니다. 그리스도를 머리로 각 지체가 되어 섬기는 한 몸입니다. 모두가 소중하고 모두가 서로를 필요로 합니다. 그러나 공동체를 이루는 것은 쉽지 않습니다. 공동체를 위해서는 순전한 마음, 단순한 마음이 필요한데 교회에서의 모임은 그런 것들이 오염되기 쉽습니다. 대중 속에서 영성이 실종되고 이기적 죄성이 살아나기 때문입니다. 이러한 때에 이상적 공동체를 가능하게 하는 것은 집에서 모이는 속회입니다. 작은 모임은 서로에 대한 신뢰 구축이 용이하며 소속감을 줍니다. 서로의 마음을 읽고 이해하며 양보하는 일이 많습니다. 집에서 모이는 모임은 성령의 기름 부으심의 통로로 최선의 자리입니다.

교회의 영광 (마 5:16)

속회를 교회 안의 작은 교회로 규정지을 때, 속회는 있는 자리에서 교회의 기능을 수행합니다. 선교, 구제, 섬김으로 봉사할 때 속회는 교회의 영광을 나타냅니다. 숨기고 싶어도 숨겨지지 않습니다. 속회는 한때 유행하는 운동이나 조직이 아닙니다. 교회입니다. 그렇기에 흩어진 자리에서 교회의 사역을 감당할 때 교회의 영광을 드러내게 됩니다. 속회의 가치는 무엇보다도 교회를 영광스럽게 한다는 것입니다.

마 5:16
이같이 너희 빛이 사람 앞에 비치게 하여 그들로 너희 (①   )을 보고 하늘에 계신 너희 아버지께 (②   )을 돌리게 하라

▌정답 : ①착한 행실 ②영광

지도력 세우기 (막 10:35-45)

지도력이란 다른 사람에게 미치는 영향력입니다. 우리는 그리스도인을 세울 때 영향력 있는 리더로 만들어야 합니다. 그것이 세움의 사역입니다. 만약 교회가 충성된 자를 발견하지 못하고, 혹 발견했더라도 지도자로 세우지 못한다면 영적인 전사가 없는 오합지졸의 군대가 되고 말 것입니다(딤후 2:1-2). 평신도를 지도자로 배출하는 사역은 교회의 미래가 걸린 일입니다. 사람은 많으나 일꾼이 없다고 말하는 이 시대에 속회는 지도자를 세우고 계승하기에 가장 적합한 자리입니다. 평신도가 사역자가 되어야 하는 긴급성을 지니도록 도전을 주는 곳입니다. 물론 그 지도력은 군림의 지도력이 아니고 섬김의 지도력이 되어야 합니다.

돌봄과 책임 (눅 15:3-7)

사람은 누구나 돌봄을 필요로 합니다. 우리도 돌봄을 받았기에 성장하여 그리스도인이 되었습니다. 그렇다면 어디에서 돌봄을 찾을 수 있습니까? 모든 모임에는 나름의 정체성이 있습니다. 그러나 삶을 즐기고 이권을 달성하려는 데에는 다다르더라도 영혼을 책임지고 돌보는 모임까지는 힘듭니다. 희생과 섬김으로 모이는 모임이 되지는 못합니다. 진정한 돌봄은 그리스도의 이름으로 모이는 속회에 있습니다. 예수님의 사역은 사랑의 마음에서 우러나오는 연민과 동정이었습니다.

> 막 6:34
> 예수께서 나오사 큰 무리를 보시고 그 목자 없는 양 같음으로 인하여
> (①   ) 이에 여러 가지로 가르치시더라

주님을 닮아가는 성화와 제자 됨을 목표로 삼는 속회는 사막 같은 이 시대의 오아시스입니다. 성령 충만하여 나의 문제보다 너의 문제를 함께 책임지는 속회는 이 시대의 돌봄의 요람입니다.

■ 정답 : ①불쌍히 여기사

거룩에서 거룩으로의 성화 (엡 2:10, 레 11:44-45)

속회모임의 목적은 거룩함입니다. 거룩함을 상실한 교회는 무기력합니다. 세상은 보이는 것들의 힘을 앞세우고 과시합니다. 그 기준에 서면 교회는 한없이 약해집니다. 교회의 힘은 권세도 명예도 아니기 때문입니다. 교회의 힘은 거룩함입니다. 교회는 오직 거룩함의 힘으로 서야합니다. 거룩함 앞에 음부의 권세는 이기지 못합니다.

속회는 거룩함을 실천하고 세워나가는 것을 가치로 삼습니다. 날마다 성화되어 예수님을 닮은 영성을 갖도록 존재하는 것입니다. 죄는 교회를 파괴하려고 공격합니다. 그러나 교회가 거룩함을 지킬 수 있음을 속회 생활을 통해 확인한다면 사탄은 패배하고 말 것입니다.

적용을 위한 질문

1. 속회를 CM으로 바꾸어 부를 때 어떤 느낌이 드는지 이야기 해 봅시다.

2. 교회에서 속회를 중요하게 생각해야 하는 이유는 무엇인가요?

Chapter 02
어제의 속회와 오늘의 속회 - 그 현주소

속회의 기원

　1739년 웨슬리의 야외 전도 사역 이후 많은 사람들이 형식주의 신앙을 버리고 웨슬리에게로 나왔습니다. 그러나 그들은 회심 후 마땅한 인도가 없어 방황하고 있었습니다. 영국 국교회는 이들을 지도할 수도 없었고 용납도 하지 않았습니다. 따라서 이들을 지도하고 만나는 것은 긴급한 문제였습니다. 그들이 과거의 삶으로 돌아가지 않고 그리스도의 제자가 되도록 해야 할 필요가 절실했습니다.

　세계 최초의 감리교 예배당인 브리스톨 예배당 건축으로 인한 부채를 갚는 방법에 대해 이야기를 나눌 때 은퇴한 선장 포이가 의견을 제시했습니다.

　"신도회 회원 각자가 예배당 부채를 모두 청산될 때까지 매주 1페니씩 내도록 합시다. 나에게 가장 가난한 사람 열한 명을 붙여 주세요. 그들이 낼 수 없다고 하면 내가 그들을 위해 내겠습니다."

　이 제안은 동의를 얻었고 웨슬리는 이를 위해 모든 신도회를 12명으로 나누고 각각을 CLASS라고 불렀습니다. 그리고 그 중 한 명(속장)이 헌금을 수납하여 집사에게 전달하도록 했습니다.

　여기에서 아이디어를 얻은 웨슬리는 이 작은 모임이야말로 그동안 원하던 것임을 알게 되었습니다. 재정적 모금 목적 외에 각 사람이 신앙생활을 잘하고 있는지 살펴보았습니다. 세워진 속장은 충고, 질책, 위로, 권면으로 사람들의 신앙생활을 도왔습니다. 이러한 시스템은 많은 유익을 주었습니다. 그러나 어려움도 있었습니다. 일일이 모든 가정을 찾아가는 것이 쉽지 않았던 것입니다. 그래서 지정된 집에서 함께 모이게 되었습니다.

이렇게 1742년 말 속회는 완벽한 집에서의 모임이 되었고, 초대교회의 모습으로 돌아가게 되었습니다. 이 모임으로 사람들 간에 보다 친밀한 교제와 사랑이 생겼고, 서로에게 자신을 개방하는 자유로움을 누렸습니다. 속회는 그들에게 공동체가 되었습니다. 속회원이 되는 유일한 자격은 하나님의 엄한 심판을 피하여 죄에서 구원받기를 원하는 열망이었습니다.

데이비드 왓슨(David L Watson)의 『초기 감리교회 속회의 기원 및 그 의미』를 보면 조금 더 자세한 속회원 및 속장의 의무에 대해 알 수 있습니다.

속회원의 의무

① 해로운 일을 하지 않고 모든 종류의 악을 피한다.
② 가능한 모든 사람에게 선을 행한다.
③ 모든 하나님의 계명, 즉 공중예배 참석, 말씀사역, 주의 만찬, 성경탐구, 금식과 절식 등을 준수한다.

속장의 의무

① 분명하고 건전한 종교적 경험을 가져야하며 성령의 지속적인 증거와 죄를 이기는 능력이 있고, 은총 안에서 꾸준한 성장을 한다.
② 성경을 잘 알고 교리적, 도덕적, 종교적 의무에 대해 선명한 견해를 지닌 신학 전문가가 된다.
③ 속회원들 간의 차이를 알려고 노력한다.

④ 마음이 약한 이들이나 시험에 빠진 이들을 온화하고 친절하게 대한다.
⑤ 매주 속회에 참석하도록 독려한다.
⑥ 가능하면 매주 속회원들을 한 사람씩 만난다.
⑦ 속회 일지를 정해진 방식에 따라 매주 기록한다.
⑧ 속장들의 모임에 규칙적으로 참석한다.
⑨ 하나님께 대하여 언제나 신실하고 성실하게 살아가며, 속회원들이 거룩한 생활 가운데서 발전하기를 촉구한다.

속회 운영

① 속장의 인도를 따라 기도와 찬양으로 시작한다.
② 속장이 지난 한 주간의 삶과 간증을 이야기한다.
③ 한 주간의 생활을 묻는다. 속장은 이야기를 듣고 충고, 위로, 격려를 해준다.
④ 함께 통회자복, 통성기도, 축복기도를 한 후 파한다.
⑤ 속회에 3번 이상 무단결석하면 속회와 감리교 신도회에서 제명한다.
⑥ 회원의 영적 상태는 속회출석여부, 신도회 출석여부, 술 취함의 여부로 판단한다.

속장 임명

속장은 매우 철저한 기준에 따라 임명했습니다. 이는 속장의 직무를 목회적 직무로 보았기 때문입니다. 그래서 속장은 선거로 선출하지 않았습니다. 많은 사람들의 찬성과 열심이 있는 신앙생활, 적극적인 선행을 실천하는 자로서 다른 이들을 영적으로 지도할 수 있는 지를 시험한 후에 임명했습니다. 또 속장은 설교자로 발전하기도 했습니다. 속장은 부목회자, 위임 받지 않은 교역자, 영적 경찰관 등으로 불렸습니다. 이처럼 웨슬리는 평신도를 목회의 동역자로 삼는 패러다 임의 변화를 이룬 선구자였습니다.

> **Q&A** 속회에 대한 설명으로 옳은 것은 무엇입니까? 모두 고르십시오.
>
> ① 맨 처음의 속회는 재정 모금을 위해 시작되었다.
> ② 속회원들은 가능한 모든 사람에게 선을 행한다.
> ③ 속장은 매주 속회원들을 3-4명씩 무리지어 만난다.
> ④ 속회에 5번 이상 무단결석하면 신도회에서 제명한다.
>
> 정답 : ①②

속회에 흡수된 밴드는 무엇입니까?

웨슬리는 독일 경건주의의 영향을 받은 것으로 알려져 있습니다. 특히 작은 모임의 활용은 모라비안 조직에서 배운 것으로 보입니다. 웨슬리의 작은 모임은 새로운 회심자들이 유혹에 빠졌을 때 격려와 생명의 기회를 주기 위한 모임이었습니다.

속회의 특성이 돌봄과 양육이라면 밴드는 고백, 즉 직고의 특성을 지닙니다. 그래서 밴드의 회원은 사죄의 확신을 가진 자로 제한하였고 불신자는 밴드에 들어올 수 없었습니다. 밴드는 일주일에 두세 번씩 모였고 모일 때마다 죄의 고백이 있었습니다. 그 고백이 직고입니다. 직고는 말로 엄중하게 듣고 자신을 성찰하는 것입니다(수 7:25-26, 레 19:17, 겔 33:1-9, 마 18:6-7, 고전 5:1-13, 약 2:14-17, 요일 3:15-20).

롬 14:12
이러므로 우리 각 사람이 자기 일을 하나님께 (①   )하리라

직고는 고해성사와는 달리 평신도들 사이에서 이루어졌습니다. 동료끼리 영적 지도를 한 것입니다. 이는 사제에게 고백하는 것보다 더 깊은 치유를 나타냈습니다. 밴드는 성화를 위한 모임이었습니다. 그러나 웨슬리 말년에 속회를 강조함으로 밴드는 약해지고 속회로 그 기능이 흡수되었습니다.

준수사항

① 적어도 매주 한 번 씩 모일 것
② 시간을 엄수 할 것
③ 정시에 찬송 기도를 드릴 것
④ 한 주간의 영적 상태, 범죄, 유혹 등을 솔직하게 순서에 따라 말할 것
⑤ 개개인의 현재 상태에 맞는 내용으로 기도할 것
⑥ 서로 돌아가며 물을 것

질문 내용

① 지난 모임 이후 어떤 죄를 범했는가?
② 어떤 유혹을 받았는가?
③ 이떻게 그 유혹에서 벗어 났는가?
④ 죄인지 아닌지 확실치 아니한 생각과 말과 행동이 있었는가?
⑤ 숨기기 원하는 어떤 비밀은 없는가?

■ 정답 : ① 직고

선별 밴드 (Select band)

밴드 안에 있는 철저한 선별 집단으로 '그리스도인의 완전'이라는 주제에 관심이 있는 사람들을 위한 모임입니다. 속회에서 만족하지 못하고 보다 깊고 완전한 친교를 요구하는 자들로 이루어져 있습니다. 이들은 매주 월요일 아침에 모여 그리스도인의 완전을 추구하였으며 받은 바 은총을 실행했습니다. 은사를 증진시키고, 서로 사랑하고 돌보며, 자신을 공개하는 일들을 했습니다. 이 특수한 집단은 공인된 은총의 수단에 참가하여 개종자가 은총 속에서 성장하는데 가장 필요한 것을 제공하려고 노력했습니다. 그리고 다른 조직들과는 달리 선별 밴드에는 어떤 지도자도 임명하지 않았습니다. 때문에 자유롭게 말할 수 있었습니다.

규칙

최고의 규칙은 모두 마음에 가지고 있으므로 세 가지 외에는 지시되지 않았습니다.
① 모임 안에서 듣고 말한 것은 다시 언급하지 않는다.
② 아무리 사소한 일이라도 목사에게 복종할 것에 동의한다.
③ 모든 회원은 공동저축을 위해 저축할 수 있는 모든 것을 가져온다.

> **Tip** 각자에게 필요한 단계적 그룹은 무엇입니까?
>
> 죄 사함의 갈망자 → 연합 신도회
> 양육, 돌봄, 교제 → 속회
> 직고, 성화 → 밴드
> 그리스도인의 완전 → 선별 밴드

이처럼 오늘의 교회 안에도 단계적인 그룹과 모임이 만들어져야 합니다. 아이 단계, 청년 단계, 아비 단계에 해당되는 양육, 돌봄의 모임이 반드시 있어야 합니다.

오늘의 속회 그 현주소

　오늘날의 목회자들과 평신도 지도자들은 속회에 대해 생각하지 않습니다. 목회 사역 중 한 부분으로 만나게 되는 속회는 단지 교회 안의 조직으로 존재할 뿐 어떻게 키울지, 어떻게 갱신해야 할지 고민하지 않습니다. 이는 속회로는 교회를 새롭게 하기 어렵다고 판단하여 이른 사망 선고를 해버렸기 때문인지도 모릅니다.

　지금은 속회 회복을 꿈꾸지만 그전의 나 역시도 그랬습니다. 처음 교회를 담임했을 때 2개의 속회가 있었습니다. 있으니까 버릴 수 없어 그냥 두고 있다가 속회에 대한 철학, 속회를 통해 이루고자 하는 전략 따위 없이 숫자만 늘리려고 했습니다. 속회는 사역 가치 면에서 옥동자와 같은데 그동안 사생자처럼 다루었던 것입니다. 잘되면 좋고 병들어 죽으면 그만이라는 무관심으로 속회를 끌어안고 있었습니다.

　신학교 시절 속회의 시작에 대해서는 공부했지만 속회를 한국교회에서 어떻게 운영해야 하는지에 대해서는 고민하지 않았습니다. 결국 속회는 죽은 것으로 여기고, 양아들을 입양해서라도 교회의 건강을 이어가려고 셀을 비롯한 소그룹 세미나에 참석하여 목회의 구도를 익혀 갔던 것입니다.

　분명한 것은 속회의 유산은 오늘을 사는 목회자에게 특별한 것이라는 점입니다. 속회로는 안 된다는 체념과 자포자기를 버려야 합니다. 새로워질 수 있다는 확신을 되찾는 것이 우선입니다. 목회자의 사고방식이 가장 중요합니다. 목회자 스스로가 속회의 본질이 회복될 때 교회를 가장 건강하게 할 수 있다는 마인드를 세워야 합니다.

오늘날 교회가 유지해온 속회의 모습

① 성경공부 중심
② 관리 중심
③ 행정 전달 중심
④ 교회를 성장시키기 위한 도구
⑤ 전문성 없는 지도자 중심
⑥ 교회의 지시를 일방적으로 따르는 구조(따라와 구조)
⑦ 간접적인 사역
⑧ 체제 유지 중심
⑨ 있어도 되고 없어도 될 것 같은 천덕꾸러기

지금의 속회는 본래적 가치를 구현하도록 운영되지 않습니다. 지금의 속회는 회복이 필요합니다. 사람들이 속회 모임을 힘들어하는 것은 일방적인 따라와 구조이기 때문입니다. 물론 성령 받고 성령의 은혜가 충만하면 모이는 일을 기쁨으로 할 수 있습니다. 그러나 더 나아가 본질을 추구하는 속회가 될 때 성장이 가능하고 참여와 상호 책임, 사역이 가능해질 것입니다.

현장의 질문들

왜 집에서 모여야 하는가? 교회모임으로 충분하지 않은가?

의외로 교회의 중진들이 이런 질문을 많이 합니다. 오랫동안 교회를 다닌 이들보다 새가족들이 오히려 더 잘 배우는 경우가 많습니다.

속장에게서 무엇을 배울 수 있는가? (영적 권위 문제)

속장의 권위는 중요한 문제입니다. 왜 사람들은 속장의 권위를 인정하지 않습니까? 그리고 바로 여기서 속장 세우기 문제에 직면하게 됩니다.

① 지도력 결핍(막 3:13-15)
② 나태한 준비(히 5:12-14)
③ 관계 형성의 미숙함(잠 15:4, 20)

속회에서 무엇을 하는가? (미숙한 속회 운영)

① 목표가 불분명한 속회
② 본질에서 벗어난 운영
③ 시간만 보내는 지루함

즐거움으로 사역할 수 없는가?

사역이 부담이 아니라 기쁨이 되는 자원함의 속회, 형식과 틀을 초월한 자유로움을 누리는 속회, 선교의 최전방으로서 보람을 느끼는 속회가 되어야 합니다.

새가족에게 열려있는가?

새가족이 편히 쉴 수 있는 요람, 신앙의 뿌리를 내리는 토양이 되어야 합니다. 기존 속회원들의 배타의식 또는 텃세는 새가족의 적응과 성장을 막습니다. 빈 방석을 준비하는 배려가 필요합니다. 섬김의 정신이 속회에 배어 있어야 한다.

속회원들에게 책임을 분담하는가?

지시하는 대로 따라오라는 식이 아니라 함께 짐을 짊어지는 동역자 의식에서 비롯한 책임 분담이어야 합니다. 여기서 참여 구조가 생기게 됩니다. 사역이 있는 속회가 이루어집니다. 이 일을 위해서는 섬김으로 무장한 성숙한 태도가 가장 중요합니다.

함께하시는 하나님의 임재를 느끼는가?

어떤 형태의 모임이든 하나님의 영으로 이끌리는 임재가 있어야 합니다. 단순한 사람들끼리의 모임을 넘어 성령의 이끄심을 나누고 은사를 나누는 모임이 되어야 합니다.

오늘날 속회가 대답해야 할 질문은 무엇입니까? 모두 고르십시오.

① 속장에게서 무엇을 배울 수 있는가?
② 속회에서 무엇을 하는가?
③ 기존 신자들을 어떻게 대하는가?
④ 속회원들에게 책임을 분담하는가?

정답 : ①②④

속회 회복을 위한 과제

앞서 살펴본 일곱 가지 질문을 다시 생각해보며 정답이 아닌 하나의 시도로써 과제를 제안하겠습니다. 이는 안 되는 것들을 되게 하고 불가능을 가능하게 하기 위해서입니다.

속회모임으로 부르라

속회 활동을 '속회예배', '속회 성경공부 하러 가기'라고 하지 말고 '속회모임'으로 불러봅시다. 속회활동은 속회예배나 속회 성경공부로 한정되어 불리면 안 됩니다. 예배나 성경공부는 속회모임의 한 부분일 뿐입니다. 속회는 교회의 기능을 가진 '교회 안의 작은 교회'로서의 모임입니다. 속회는 친교, 예배, 성경공부, 봉사와 고백의 나눔이 있는 소그룹입니다.

속회지도자를 한 명으로 하라

속회모임은 유기적인 그리스도의 몸이면서 소그룹 조직입니다. 따라서 지도자는 하나여야 합니다. 현재 많은 속회모임들은 속장과 인도자의 구성으로 지도자가 둘로 되어 있습니다. 그러나 속장과 인도자가 속회모임을 놓고 협력하지 못하면 속회모임이 어려워집니다. 사공이 많으면 배가 산으로 올라간다는 말처럼 속회모임의 지도자는 둘에서 하나로 바꾸어야 합니다.

속회는 최전방 진지다

속회는 모이지 않거나 가끔 모여도 된다고 생각하기 쉽습니다. 그러나 속회는 그렇게 안일한 조직이 아닙니다. 하나님께서 성령을 부으신 후 성전뿐 아니라 집에서도 모이도록 하신 이유는 속회원들을 파수꾼으로 깨어있게 하기 위해서 입니다.

그리스도인들은 의의 병기입니다. 속회는 삶의 현장에서 팀을 이루어 죄와 싸우고 거룩을 지키는 보루입니다. 영적 전쟁의 최전방입니다. 선교구조대로 생명을 건지고 지키는 사역을 짊어진 자리입니다. 하나님의 지상명령을 수행하는 소그룹인 것입니다. 그래서 속회는 깨어있어야 합니다. 최전방 진지가 구축되지 못하고 무너지면 교회는 승리하기 어렵습니다. 하나님 나라의 확장은 속회를 최전방 진지로 바꿀 때 일어날 것입니다.

신앙 실천의 자리로 삼으라

신앙은 아는 것으로 끝나서는 안 됩니다. 알게 된 신앙을 실천하는 삶으로 이어져야 합니다. 속회는 신앙을 드러내는 실천의 자리로 제자도를 구현하는 아주 중요한 역할을 맡습니다. 사랑과 섬김을 실천하는 연습을 반복할 수 있는 곳이 속회입니다. 기도한 대로 말씀 대로 살아본 것을 서로 나누며 어떻게 넘어졌는지 이겼는지 나누는 속회는 신앙 실천의 자리입니다.

사랑방이 되게 하라

속회가 형식적으로 시간을 내고 아무런 느낌 없이 돌아가는 굳어진 화석 같은 모임이 되어서는 안 됩니다. 서로가 서로를 받아들이며 소중하게 생각하는 상호책임적인 관계가 되어야합니다. 사랑의 공동체, 정다운 이야기가 오고가는 사랑방 같은 속회로 세워야 합니다. 슬픈 일에 걱정해주고, 눈물을 닦아주고, 같이 울어주는 속회원이 되어 화목의 꽃이 피어나는 속회가 되어야 합니다. 안가면 가고 싶은 속회, 어려울 때 제일 먼저 생각나는 속회가 되어야 합니다.

확실한 비전을 그리게 하라

속회의 존재 이유가 무엇인지 누구나 알게 해야 합니다. 속회의 목적이 조직 유지가 되어서는 안 됩니다. 속회가 교회 안에 존재하는 이유는 성화에 있습니다. 대부분의 성도들은 구원을 이해할 때 칭의에 초점을 둡니다. 그러나 구원을 과정으로 이해하는 감리교회에서는 성화를 강조합니다. 속회의 비전은 성화입니다. 예수님을 닮는 성화가 이루어져야 합니다. 개인적 성화뿐 아니라 더욱 눈을 열어 사회적 성화를 위해서도 노력해야합니다.

자율적인 속회가 되게 하라

목회자는 속회를 지나치게 통제하거나 간섭하지 말아야 합니다. 속회 스스로 속장의 열린 지도력으로 일하게 만들어야 합니다. 목회자는 속장에게 권한을 주어야 합니다. 속회 구성원들에 대한 임무 부여, 임원 추천, 속회 발전에 대한 건의 등을 하게하고 목회자는 요구사항을 듣고 소통하며 동역해야 합니다. 또 자율성을 위해 재정을 주는 것도 좋은 방법입니다. 가장 중요한 것은 속장들의 마음입니다. 속장들이 사역자 마인드를 가질 때 속회는 달라집니다. '왕 같은 제사장'이라는 말이 구호가 아닌 생생한 말씀이 됩니다.

적용을 위한 질문

1. 역사 속에서 속회는 어떻게 변화해 왔나요?

2. 바람직한 속회의 모습은 어떠한 모습인가요?

Chapter 03

속회목표 세우기

목표 없는 항해는 배를 표류하게 만듭니다. 모든 노력이 헛된 수고가 됩니다. 그러나 목표가 분명한 항해는 노력할수록 소원의 항구로 빠르게 도착하게 만듭니다. 어떤 일이든 목표가 중요합니다.

속회 목표의 중요성

속장은 새해가 되면 많은 생각을 합니다. 그 중 제일 먼저 하게 되는 생각은 '모이는 일'입니다. 언제 어디서 모일지 몇 명이나 올지, 새로 편성된 속회원들이 잘 따라와 줄 것인지 신경을 씁니다. 또 다른 속회보다 더 잘 모이는 속회가 되었으면 하는 기대감 때문에 서두르기도 합니다.

그러나 어디서 모일까, 몇 명이나 올까 하는 문제는 중요한 것이 아닙니다. 가장 중요한 것은 속회사역을 위한 목표를 정하는 것입니다. 무슨 일을 하든지 중요한 것은 속도보다 방향입니다.

복음주의 신학자 와이코프 교수는 목표 없이 출발하는 일의 세 가지 위험성을 경고합니다. "무의미함", "시간 낭비", "위험 노출"이 바로 그것입니다. 그의 이

론을 역으로 생각하면 이렇습니다. 목표가 분명하면 의미가 있고, 효율적으로 시간을 관리할 수 있으며, 길을 잃지 않기에 위험하지 않습니다.

또한 목표는 사역이 제대로 이루어 졌는지를 평가하는 중요한 기준이 됩니다. 항상 방향을 지시하고 있기에 다음 단계에 대한 기대를 가지게 됩니다.

릭 워렌 목사는 『목적이 이끌어가는 교회』라는 제목으로 새들백교회 이야기를 썼습니다. 무슨 의미입니까? 교회는 사람으로, 재정으로, 시설로, 프로그램으로 끌고 가는 것이 아니라 말씀에 근거한 확실한 목적으로 나아갈 때 가장 건강하다는 이야기입니다. 교회, 회사, 조직체에서 한결같이 목적에 대한 이야기를 하는 것은 그만큼 중요하기 때문입니다.

목표가 없는 속회의 모습으로 옳은 것은 무엇입니까?
모두 고르십시오.

① 무의미함
② 시간 낭비
③ 사역의 보람
④ 위험 노출

정답 : ①②④

목표와 속장의 관계 유형

1. 목표를 확실하게 정하는 사람

    목표를 정하면 한두 번 실패하더라도 다시 시도하게 됩니다. 목표를 이루려고 애쓰고 수고하는 과정에서 자신의 약점을 발견하게 되고, 그것을 보완하는 훈련을 함으로 성장 할 수 있습니다.

2. 목표 없이 되는 대로 일하는 사람

    목표가 없으면 무언가 분주하지만 막상 이뤄내는 것이 없습니다. 목표가 없기에 열매가 있더라도 우연의 결과일 뿐 다음을 기약할 수 없습니다. 이것이 문제입니다. 목표 없는 인생은 살아가는 것이 아니라 시간과 재능과 힘을 탕진하며 떠내려가는 인생입니다.

3. 목표를 세우되 일을 하고나서 세우는 사람

    일을 벌려놓은 후 목표가 무엇인지 뒤늦게 기도하고 고민하는 유형입니다. 일이 발생한 이후에 목표를 정하는 것은 앞뒤 순서가 바뀐 것입니다. 그러니 상황에 따라 수시로 목표가 바뀌고 요동칩니다. 목표가 없기에 일이 잘 되었는지 안 되었는지 평가 할 수가 없습니다. 수고하며 많은 일을 해내지만 여전히 목표는 없습니다.

4. 목표가 있든 없든 아무것도 하지 않고 방관하는 사람

    불한당이란 말이 있습니다. 사역자 중에 걱정스러운 사람은 아무것도 하지 않는 사람입니다. 게으름도 아니고, 무기력도 아니고, 우울증도 아닙니다. 그 이상의 문제입니다다. 사역에 방해가 되며 왜 그 사람이 사역 현장에 있는지 의문을 일으킵니다.

성장하는 속회의 특징

목표가 분명하지 않은 교회나 속회는 성장하기 어렵고 쉽게 무너집니다. 의기소침한 교회를 생기왕성한 교회로 바꾸려할 때 교회의 목적을 발견하는 것보다 더 빠른 길은 없습니다. 교회 안의 작은 교회인 속회도 마찬가지입니다. 목적을 정하는 것보다 앞서야 할 것이 없음을 반드시 유념해야 합니다. 목적이 없는 모임은 만남과 교제에만 머물다 결국 깨지게 됩니다.

어떤 회사가 목표와 직업의 관계를 알아보기 위해 사원들에게 아무런 설명 없이 무조건 일을 시켰습니다. 그러고는 또다시 아무런 설명 없이 그들이 만든 물건을 모두 폐기처분했습니다. 물론 월급은 변함없이 지불했습니다. 사원들은 자신이 만든 제품들이 시장으로 가지 않고 폐기되는 것에 의문을 품었습니다. 웅성거리던 사원들이 간부를 찾아갔지만 허사였습니다. 얼마 후 사람들은 월급을 잘 주는 이 회사를 하나둘씩 그만두었습니다. 목적의 불분명함이 그들을 견디지 못하게 한 것입니다.

목표 지향적이지 않은 삶, 그 삶은 보람도 성장도 기쁨도 없기에 포기와 실패를 부릅니다. 곤충의 아버지 장 앙리 파브르는 날벌레를 연구하다 그들의 우매함을 발견했습니다. 날벌레는 앞에 날아다니는 것만 따라다닙니다. 7일 밤낮으로 앞서가는 것만 따라다니다 기아상태로 죽는 것입니다.

이처럼 목표가 없는 것은 곧 죽음입니다. 그러나 분명한 목표는 의미와 각오, 열정의 자양분입니다. 목표가 있는 속회가 될 때 모두가 새로운 활력을 찾게 될 것입니다.

목표를 세우는 원리

함께 세우라

① 속장이 혼자 목표를 세워 속회원들에게 전달하려 하지 말고 한자리에 모여 함께 세워야합니다. 가장 시급한 문제와 영적 상황을 헤아려 목표를 논의합니다. 공동의 이해를 기초로 목표를 세우는 것이 중요합니다. 브레인스토밍과 같은 방법으로 떠오르는 생각들을 모으고 목표를 정하십시오. 이때 기억해야 할 것이 있습니다.
- 불투명하고 막연한 목표는 아무 효과가 없다.
- 구체적인 측정 가능한 목표를 세우라.

② 목표에는 큰 목표와 작은 목표가 있습니다. 큰 목표를 달리 말하면 목적이라고 합니다. 이는 꿈과 비전에 해당하는 것입니다. 반면 작은 목표는 어느 분야에서 어느 시점에 이루어야 하는 세부적 내용입니다.

'삶의 변화', '제자 되기' 등은 목적입니다. 매월 등록자, 전도자, 말씀 양육자는 몇 명으로 정할지, 속회모임의 방식과 역할 분담을 어떻게 할지 등 구체적으로 점검하고 확인할 수 있는 것이 목표입니다. 속회모임은 큰 목적을 세우는 것이 아니라 작은 목표를 세우는 것입니다.

③ 목표 세우기의 좋은 예로, 『성공의 삶을 디자인하라』의 저자인 헌신된 유대인이자 거듭난 그리스도인 피터 허쉬의 목표 목록을 제시해 봅니다.
- 세금을 떼기 전에 먼저 십일조를 한다.
- 전 세계의 교회를 돌면서 말씀을 전한다.
- 1주일에 6일, 매일 30분씩 점검하는 시간을 갖는다.
- 매일의 삶 속에서 이전보다 하나님과 가까워진다.

속회에서도 이렇게 구체적으로 상세히 목표를 세우는 것이 필요합니다.

진술하라

릭 워렌은 효과적인 목표의 기준을 이렇게 정합니다. '성경적 근거가 있는가? 간단명료한가? 전달하기 쉬운가?' 그러므로 목표를 정하고 기록을 할 때 다음을 기억하십시오.

① 이해하기 쉬운 말로 기록하라.
② 실제적이고 실현 가능성 있게 표현하고 기록하라.
③ 기억하기 쉽게 짧게 만들어 기록하라.

한 예로 '나는 변호사가 되고 싶다.' 이것은 목적에 해당하는 꿈입니다. 그리고 이에 따른 목표는 '나는 법대를 졸업할 것이다.' 또는 '나는 OO대학교 법대를 졸업할 것이다.'가 되어야 합니다. 전자보다 후자의 표현이 더 실제적입니다. 더 나아가 '2020년까지 법대를 졸업하고 변호사자격을 얻겠다.'라고 하면 이는 더 구체적이 됩니다. 이렇게 목표 진술이란 예측과 측정이 가능하도록 기술하는 것입니다.

유형을 분석하라

목표의 유형에는 알게 하는 지적 목표, 깨닫게 하는 정적 목표, 행하게 하는 의지적 목표가 있습니다. 목표의 유형을 정확히 인식하고 공유해야 합니다. 『효과적 학습』의 저자 핀들리 에지는 목표 진술 방법을 이렇게 설명합니다.

① 지적 목표의 진술 : ~을 알게 한다. 알게 돕는다.
② 정적인 목표의 진술 : ~을 깨닫게 한다. 깨달을 수 있게 돕는다.
③ 의지적 목표의 진술 : ~에게서 돌아서게 한다. 결단하도록 돕는다.

여기서 '~을 한다'라는 표현은 스스로 하도록 하는 자율적 목표이고, '~을 돕는다'는 강제적으로라도 이끌려는 주입식 표현입니다.

목표를 가슴에 새기고 공유하라

① 성경적 근거 제시

속회의 목표는 성경에 근거를 두어야 합니다. 속장이 세운 목표에 대해 속회원들에게 성경적인 근거를 제시함으로 마음 속에 새기게 하십시오.

② 상징 활용하기

그림이나 도표, 상징 등은 열정을 불러일으키는 강력한 도구가 됩니다. 목표를 시청각적으로 도표화 하거나, 목표를 나타내는 속회 깃발 등을 만들어도 좋습니다.

③ 구호를 만들기

"속장이 좋은 교회, 속회원이 좋은 교회"

"모이고 헤어지면 다시보고 싶은 속회"

"내 나이만큼 전도하고 내 나이만큼 섬기자"

④ 간증(이야기) 사용하기

바울은 다메섹 도상에서 예수님을 만난 이야기를 사도행전에서 3번이나 반복하며 간증합니다. 목적을 공유하기 위해 신앙적 이야기를 사용해 헌신과 나눔, 전도와 성장의 목표를 각인시키십시오.

⑤ 실제적인 지침 제공하기

목표를 향한 구체적 행동 지침이 사람을 움직이게 합니다. 모호한 목표로 내버려 두면 관심을 끌기 어렵고 기억하지 않게 됩니다.

성취를 위한 세밀한 계획을 하라

하나님께 묻고 준비하며 끈기를 갖고 하십시오. 상반기 실천 계획 또는 월별 실천 계획으로 세우는 것이 좋습니다.

> **Q&A** 목표를 세우는 원리로 옳은 것은 무엇입니까? 모두 고르십시오.
>
> ① 속회원들과 함께 세운다.
> ② 이해하기 쉬운 말로 기록한다.
> ③ 상징이나 구호 등으로 목표를 세워 공유한다.
> ④ 끈기를 갖고 준비한다.
>
> 정답 : ①②③④

실습

지금까지 배운 것을 토대로, 구체적인 상하반기 목표와 사역계획을 세워봅시다. 속회의 목표만이 아니라 속회원 개개인의 목표도 세워봅시다.

- 나는 일주일에 한번 선한 일을 하겠습니다.
- 나는 매일 묵상을 하기위해 묵상집을 구입하겠습니다.
- 나는 전도자가 되겠습니다. 금년에 00명 인도하겠습니다.
- 나는 성경 일독을 위해 매일 성경을 3장씩 읽겠습니다.

적용을 위한 질문

1. 속장으로서 속회의 목표를 세울 때 유념해야 할 점은 어떠한 것들이 있나요?

2. 여러분이 속해 있는 속회는 어떠한 목표를 가지고 있는지 서로 이야기 해봅시다.

Chapter 04

목자로서의 속장

잠 27:33
네 양 떼의 형편을 부지런히 살피며 네 소 떼에게 마음을 두라

속장이라면 항상 위의 말씀을 유념해야 합니다. 내게 맡겨주신 양떼와 소떼에 마음을 두고 늘 부지런히 살펴야 합니다. 윌리엄 스틸(William Still)은 『목사의 길』이란 책에서 "목사는 말 그대로 목자장을 모신 하나님의 양 무리를 돌보는 목자"라고 정의했습니다. 목자의 본업은 양 무리를 푸른 초장으로 이끌어 그들을 먹이는 것입니다. 그런데 목자가 홀로 양을 관리할 수 없기에 누군가에게 위임하였고, 그 역할을 맡은 것이 속장입니다.

일을 맡긴 것은 그 사역을 잘하리라 믿기 때문입니다. 마치 어머니가 큰딸에게 동생들을 돌보라고 하는 것처럼 믿고 맡긴 것입니다. 그러므로 속장은 신뢰와 확신으로 일을 맡긴 목회자의 생각을 이해하고 비전을 공유하며 충성스러운 작은 목자가 되어야 합니다.

요 10:14-15
[14]나는 (①   )라 나는 내 양을 알고 양도 나를 아는 것이 [15]아버지께서 나를 아시고 내가 아버지를 아는 것 같으니 나는 (②   )을 위하여 목숨을 버리노라

■ 정답 : ①선한 목자 ②양

목자의 사명을 양을 치고 먹이는 일입니다. '치다'라는 말은 '먹이다'라는 뜻 외에 '인도하다, 보호하다, 지도하다' 등의 뜻이 있습니다. 양을 치는 일을 하는 목자에 대해 좀 더 자세히 다루어보겠습니다.

목자

목자는 풀이 흔치 않은 광야에서 양을 인도합니다. 잘못 인도하면 꼴이 없어 양떼가 병들고 죽게 됩니다. 광야에는 울타리가 없습니다. 낮에는 더위로, 밤에는 추위로 생존 자체가 쉽지 않습니다. 길도 없고 물을 찾기가 어렵습니다. 또 맹수, 벌레, 독사가 도처에 숨어있습니다. 목자는 삶의 고단함과 싸우며 곳곳의 여러 위험들에 대응하고 이를 이겨내야 합니다. 홀로 광야에서 양을 돌봐야 하는 목자의 생활은 결코 만만치 않습니다.

목자의 고난

목자에게는 여러 가지 고난이 있습니다. 건강하지 못한 양들로부터 오는 상처, 과도한 일에서 오는 피로, 다른 이들과 비교에서 오는 패배감, 뜻대로 되지 않는 데에서 오는 무력감, 환경의 위기에서 오는 불안, 갑작스럽게 밀어닥치는 탈진, 도적(사단)과의 싸움에서 오는 긴장, 정체성의 상실에서 오는 우울증 등입니다.

이러한 환경에서 함께 살아가는 목자와 양의 관계는 특별합니다. 팔레스타인에서는 양모를 얻기 위해 목양을 하기 때문에 목자는 오랫동안 양을 돌보게 됩니다. 마치 목자와 양은 가족과도 같습니다.

양과 목자의 관계

요 10:3
문지기는 그를 위하여 문을 열고 양은 그의 음성을 듣나니 그가 자기 양의
(①   )을 각각 불러 인도하여 내느니라

요 10:27
내 양은 내 음성을 들으며 나는 그들을 (②   ) 그들은 나를
(③   )

목자는 양들의 이름을 지어 그 이름을 부릅니다. 양들은 그 음성을 듣고 자기 주인의 음성임을 압니다. 위장한 목자를 분별하며 자기 목자가 아니면 따르지 않습니다.

요 10:16
또 이 우리에 들지 아니한 다른 양들이 내게 있어 내가 인도하여야 할 터이니 그들도 내 음성을 듣고 (④   )가 되어 한 목자에게 있으리라

양들은 무리를 지어 다니는 특징이 있습니다. 양들은 겁이 많아 공격을 모르고 멀리 보지 못합니다. 우두머리 양이 앞장서면 다른 양은 따르기만 합니다. 우두머리 양이 다리를 절면 다른 양들도 다른 양들도 다리를 절고, 몸을 흔들면 같이 흔들만큼 인도자를 따릅니다. 목자가 양과 관계만 잘 맺으면 양은 한곳에 모이게 되어있습니다.

■ 정답 : ①이름 ②알며 ③따르느니라 ④한 무리

유대인들의 세 가지 양 우리

　유대인들에게는 세 가지 형태의 양 우리가 있었습니다. 하나는 마을에 있는 공동우리입니다. 양떼가 밤중에 보호받으며 그 열쇠는 목장지기에게 있습니다. 또 하나는 노천우리입니다. 임시 산허리에 마련된 문 없는 우리로 목자가 문이 있어야 하는 자리에 누워 문의 역할을 대신합니다. 마지막 하나는 무리입니다. 양떼를 C자형 또는 U자형으로 모아 놓고 목자가 그 중앙에서 양을 지키는 문의 역할을 합니다.

　목자는 문입니다. 선한 목자가 자기 양을 위해 목숨을 버리듯 문의 역할을 하는 목자는 양을 지키는 일에 목숨을 내놓습니다. 목자는 양을 보호하기 위해 기꺼이 희생을 자처합니다. 그렇다면 양은 목자에게 무엇을 줍니까? 양모와 양유, 양 새끼를 생산해줍니다. 양 역시 목자를 위해 모든 것을 줍니다.

 목자에 대한 설명으로 옳은 것은 무엇입니까? 모두 고르십시오.

① 목자의 사명은 양을 치고 먹이는 일이다.
② 목자는 풀이 흔치 아니한 광야에서 양을 인도한다.
③ 목자는 양들의 이름을 지어 그 이름을 부른다.
④ 목자는 양을 보호하기 위해 기꺼이 희생을 자처한다.

정답 : ①②③④

나쁜 목자의 예

성경에는 나쁜 목자의 예들이 나와 있습니다. 목자라고 해서 모두 성실히 양들을 지키며 보호하는 것은 아닙니다.

이사야 56장 9절에서 12절 이하는 목자를 파수꾼으로 표현합니다. 이 본문에 기록된 목자들의 모습은 어떻습니까? 성경은 그들을 맹인 목자, 무지한 목자, 벙어리 개들처럼 소리 내지 못하는 목자, 게으른 목자, 몰지각한 목자, 자기 이익만 추구하는 목자, 쾌락과 술 취함만을 추구하는 목자라고 부릅니다.

예레미야에도 우둔한 목자가 나옵니다.

렘 10:21
목자들은 (①   ) 여호와를 찾지 아니하므로 형통하지 못하며 그 모든 양 떼는 흩어졌도다

목자가 하나님을 찾지 아니함으로 양떼가 흩어집니다. 또한 포도원을 헐고 하나님이 기뻐하시는 땅을 황무지로 만들어 버립니다(렘 12:10). 양과 교회를 바로 세우지 못하는 목자, 이것이 바로 예레미야가 보여주는 우둔한 목자상입니다.

양을 책임진 사람으로서 우리의 모습이 이렇다면 양(속회원)은 어떻게 되겠습니까? 올바른 목자가 되어야 양이 삽니다. 교회가 삽니다.

올바른 목자상

초기 한국 교회의 유명한 부흥사였던 박재봉 목사의 찬양 "저 목자여"의 가사는 양을 맡은 목자에게 큰 깨달음을 줍니다.

■ 정답 : ①어리석어

저 목자여 깊은 잠을 깨어 일어나 밤은 벌써 사라지고 먼동이 터온다
희미하던 지평선도 완연해오니 목자들아 양을 몰아가야 하리라.
금빛 같은 새벽놀이 비낀 저 언덕 신기하게 이슬 맺힌 푸른 저 초원
신성하고 아름답다 내 목장이니 목자들아 양을 몰아 가야하리라.
비탈길을 싸고 돌 제 다리 아프고 산마루를 올라 갈 때 숨이 막혀도
주린 양떼 생각하여 참고 갈지니 양을 치는 목자의 강한 뜻이라
몸에 걸친 단벌옷이 내게 족하고 짚고 나선 지팡이가 넉넉하리라
이제 내게 다른 염려 아주 없으니 이 한날을 목장에서 양을 치리라

이 가사에는 근면한 목자상, 목자로서의 사명, 어려움을 이겨내는 의지, 자족의 비결을 아는 목자의 좋은 품성이 담겨 있습니다.

지구상에서 인간이 살 수 있는 가장 높은 곳은 티베트 고원 해발 6,300미터 지점에 있는 꼴라란둥입니다. 어느 방송의 취재팀이 그곳에 사는 목자 까르마 씨의 텐트를 찾은 날의 기온은 영하 20도였습니다. 카메라 작동이 멈출 만큼 추운 날씨에 까르마 씨는 모포 한 장을 들고 텐트 밖으로 나갔습니다. 기자가 의아해 하며 물었습니다. "까르마 씨 어디 가시죠?" 그때 그는 이렇게 대답했습니다.

"밖에 있는 양들을 보호하고 지키기 위해 매일 밖에서 잡니다."

영하 20도의 추위도 아랑곳하지 않고 매일 양 옆에서 잠을 자는 것입니다. 양을 사랑하는 목자의 이 이야기는 우리가 어떤 목자가 되어야 할지 많은 것을 가르쳐 줍니다.

"저 목자여"의 가사에 나타난 목자상으로 옳은 것은 무엇입니까? 모두 고르십시오.

① 근면한 목자
② 어려움을 이겨내는 목자
③ 자족의 비결을 아는 목자
④ 지팡이를 부러뜨리는 목자

정답 : ①②③

우리의 다짐

목자가 깨어 자신의 역할을 다하듯 속장은 항상 속회원을 돌보는 일에 깨어 있어야 합니다.

내가 시온 신도 반에 처음 들어갔을 때
누가 친절하게 내 손을 잡고
내가 신실한 믿음을 지니도록 나를 위하여
기도하였습니까?
나의 속장님이었네!
누가 나에게 사탄의 계략으로부터 도주하고
이 세상의 유혹적인 미소를 멀리하며
그것으로 하여금 나의 영혼을 기만하지
못하게 하라고 명하셨습니까?
나의 속장님이었네!

내가 지혜의 아름답고 즐거운 길에서 벗어나 방황할 때
누가 나를 위하여 울면서 기도했습니까?
나의 속장님이었네!
나의 삶의 꿈이 끝날 때
나는 더 이상 울거나 탄식하지 않으리니
나는 그때 우리가 가나안에서 만나기를 바랍니다
나의 속장님이여!

1841년 웨슬리의 「감리회보」

우리도 이렇게 목자의 역할을 다한다면 맡겨진 영혼들은 그리스도를 닮아 가고 성화될 것입니다. 속장이 이런 목자가 된다면 주님도, 교회의 목회자도 함께 어깨를 맞대고 춤을 출 것입니다. 우리 모두가 참 목자의 소명을 확인하며 더욱 열심히 실천할 때, 우리의 사역이 참으로 아름다운 축제가 될 것입니다.

목자의 영광

목자란 자신을 높이지 않으며, 행한 일을 떠벌리지 않으며, 앞세우지 않으며, 다투지 않습니다. 사람들을 얕보지 않지만 진리 앞에 굽히지 않습니다. 숨길 것 없으며, 불 꺼진 밤에 한 점 빛이 되고자 밀알처럼 썩는 아픔과 기쁨을 누리며 오직 이름 없이 살기를 원합니다. 진실로 죄 지은이의 짐을 지고 가는 지게이고 싶어 합니다. 남을 복 되게 해주며 맨 나중에 행복하기를 원합니다. 그리고 끝내 자신의 이름을 지워 버리고 떠나는 것이 목자입니다.

목자에겐 열두 가지 영광이 있습니다. 사역이 주는 기쁨, 사람을 얻는 감격, 창대하게 되는 복, 지도자를 세우는 보람, 성장과 성숙을 보는 즐거움, 경건한 삶의 지속, 말씀의 깊이 있는 만남, 성령의 기름 부으심의 은혜, 삶의 열정의 회복, 면류관 받음, 사역(풀타임 목회자)의 동역자, 인간관계의 확대입니다.

주의사항

목자로서 양떼를 돌볼 때 소그룹인 속회만 중요시 여기면 안 됩니다. 대그룹 모임, 즉 주일 예배를 중시해야 합니다. 소그룹 목자들은 교회 모임에 더욱 앞장서는 모범이 되어야 합니다. 크게 모이는 모임이 잘 이루어지지 않으면 많은 것을 잃어버리게 됩니다. 지구촌교회의 원로목사 이동원 목사는 대그룹 모임을 등한시하면 다음과 같은 문제가 생긴다고 말합니다.

① 공동체 영성 상실
② 보이는 교회가 해야 할 사회적 증거 상실
③ 대 사회적 선교와 구제 사역의 한계
④ 주관적 성서 해석에서 오는 오류의 가능성
⑤ 다양한 목양적 축복의 한계
⑥ 다양성 속에서 하나가 되는 신비 외면
⑦ 불신자들에게 예수를 보여주는 일의 효과 상실

이런 면에서 목자로서의 속장은 큰 모임과 작은 모임을 중요시 여겨야 합니다. 성경이 가르쳐주는 균형으로 늘 붙잡아야 합니다. 끝으로 양을 돌보는 관점에서 "목자의 도구"와 "목자의 일"을 '부록10,11'에 게재합니다. 중복되는 것도 있지만 목자(돌보미)로서 속장의 역할 이해에 참고가 되길 바랍니다.

적용을 위한 질문

1. 속회를 이끌어 가는 속장을 목자에 비유하는 이유는 무엇인가요?

2. 바람직한 목자로서 속장은 어떠한 자세를 가져야 하나요?

Chapter 05
속회원의 돌봄과 분가

돌봄이란 보살핌입니다. 돌봄은 목자가 양을 치기 위해 필요한 기본기입니다. 목자가 돌보지 않으면 양은 병들고 길을 잃고 생명마저 위험해 집니다. Class라는 단어 대신 돌봄을 뜻하는 Care를 떠올리며 한 주간 속회사역을 하는 것은 어떨까요? 양의 형편을 헤아리고 그 처지를 이해할 때 건강한 양을 양육할 수 있습니다.

한 아이가 아침마다 얼굴이 벌겋게 되어 학교에 왔습니다. 술 냄새가 아이에게서 진동했습니다. 선생님은 아이를 혼내주었습니다. 그런데 아이는 계속해서 술 먹은 모습으로 학교에 오는 것이었습니다. 화가 난 선생님은 아이들이 보는 앞에서 야단을 치며 회초리를 들었습니다. 사실 아이는 술을 마신 것이 아니었습니다. 먹을 것이 없던 시절 끼니를 대신하여 술 찌꺼미로 아침을 대신하고 등교했던 것입니다.

이와 같이 사람의 형편을 알지 못하면 돌봄은 이루어지지 못합니다. 돌봄은 관심, 친절, 배려, 양보, 칭찬, 격려, 싸매어줌, 치료 등으로 이루어집니다. 속장이 속회원을 돌보기 위해서는 목자의 마음으로 일해야 합니다. 한 마리 양을 찾아 헤매는 목자처럼 한 사람 한 사람에게 깨어있는 수고 없이는 돌봄이 아니라 방치가 되기 십상입니다. 그렇다면 어떤 영역을 돌보아야 합니까?

돌봄의 영역

사람

사람은 지, 정, 의 그리고 영, 혼, 육으로 이루어져 있습니다. 사람을 돌본다는 것은 기본적인 육체의 욕구에서 시작하여 심리적, 정신적 더 나아가 영적인 것에 이르기까지 필요를 채워주며 성장할 수 있는 여건을 마련해주는 일입니다. 그래서 더 풍성한 삶을 누리도록 양육하는 것입니다. 결국 속장은 한 사람 한사람을 그리스도 안에서 완전한 자로 세우기 위해 수고하는 사람입니다(골 1:28).

① 사람을 위해 기도하라

　기도는 시험을 예방하는 백신과 같습니다(마 26:41).

② 관심을 두고 살피라

　사랑은 관심입니다. 늘 관심을 두고 살펴야합니다. 전화 심방과 가정 심방이 중요합니다. 휴대전화가 손 안에 있듯이 속회원을 늘 가까이 두고 살펴야 합니다.

③ 훌륭한 꼴을 먹이라

　말씀 준비는 너무 과하지 않게 준비하여 잘 이해하고 소화되게 하며 나누는 자세로 먹여야합니다.

④ 요람이 되어라

　신앙을 모르는 새신자가 성도가 될 때까지 눈을 떼지 않으며, 곁에서 잘 양육해야 합니다.

⑤ 시험에 들거나 상처받은 사람을 유념하라

　넘어졌는지, 도울 수 있는 방법은 없는지, 위기 상황에 있다면 어떻게 대처 할지를 충분히 생각하고 준비해야 합니다.

⑥ 먼저 다가가라

무관심은 영혼을 유기하는 행위입니다. 방치는 폭력의 또 다른 이름입니다.

⑦ 끝까지 들어주라

끝까지 들어주는 것 보다 어려운 일은 없습니다. 그러나 그것이 상담의 기초이며 소통의 시작입니다

⑧ 바이러스를 퇴치하라

적은 누룩이 온 덩이를 부풀게 합니다. 교회를 병들게 만드는 바이러스는 반드시 제거해야 합니다. 불평의 바이러스는 악한 누룩입니다.

⑨ 비전을 심는 비전 메이커가 되라

비전 메이커는 속회원을 일어서게 만듭니다. 비전을 주면 감동이 생기고 열정이 있게 됩니다.

⑩ 목회자의 훌륭한 동역자가 되라

이를 위해선 목회자가 의도하는 사역의 중심과 방향을 알고 있어야합니다. 목회자의 지원을 받는 동역자로 인정받아야 합니다.

돌봄은 꼭 속회 모임에서만 일어나는 것은 아닙니다. 일상생활의 모든 영역에서도 일어날 수 있습니다. 교회의 절기 행사나 축제에서, 교회를 오가면서, 우연히 만난 시장 한복판에서도 가능합니다. 돌봄이란 속회 모임을 뛰어넘어 이루어지는 사랑의 모든 접촉입니다.

속장이 사람을 돌보는 방법으로 옳은 것은 무엇입니까? 모두 고르십시오.

① 쉬지 않고 기도한다.
② 함께 나눌 말씀을 준비한다.
③ 끝까지 들어주는 대화의 습관을 가진다.
④ 불평이 생겨도 참고 견딘다.

정답 : ①②③

말씀 - 공과 나눔

말씀은 가르치려는 자세보다 나누려는 준비가 필요합니다. 속회원들의 삶의 상황을 잘 이해하고, 속회원들의 경험에 초점을 맞추는 말씀 나눔이 되어야합니다. 많이 가르치려는 짐을 내려놓고, 나 자신이 말씀대로 살려는 것을 보여주며, 말씀과 함께하는 목자가 되어야합니다.

무엇보다 중요한 것은 속장 자신이 하나님의 말씀 앞에 먼저 서는 것입니다. 가르치고 나누기 위해 말씀을 펴는 것이 아니라 자신이 하나님의 음성을 듣기 위해 말씀을 펼쳐야 합니다. 말씀보기가 규칙적인 일상이 되어야 합니다. 내가 만난 말씀으로 나누어야합니다.

목자로서의 속장은 속회원들이 자발적으로 모이도록 이끌어야 합니다. 조직을 유지하기 위한 사역은 부담일 뿐입니다. 생명의 흐름이 일어나도록 하시는 성령의 임재를 갈망해야 합니다. 그럴 때 사랑의 공동체가 이루어지고, 역동적 소그룹이 이루어집니다.

행정

① 헌금 관리

주보에 누락되지 않게 특별히 신경 씁니다. 속회에서 모으는 특별 선교비는 투명하게 관리하여 모든 사람에게 알려 줍니다. 헌금 관리가 정확치 않으면 속장이 신뢰를 잃기 쉽습니다.

② 출석 관리

신앙의 건강 상태를 측정하는 기준이 될 수 있으므로 철저히 관리합니다.

③ 메모 관리

개인 메모장을 늘 휴대하는 것이 좋습니다. 또는 교회가 배부하는 '속장 나눔터'를 활용하십시오('부록6' 참고).

분위기

속회의 이미지 메이킹(Image Making)을 위해 힘써야 합니다. 영적으로 풍성하고, 갈급한 영혼에 은혜의 생수가 공급되는 분위기를 만들어야 합니다. 속회 모임이 세속적인 대화, 관광, 정치 논쟁, 계모임, 시장 난전이 되어서는 안 됩니다. 속회로 모였을 때 처음의 화두가 굉장히 중요합니다. 그 첫마디가 모임의 주류를 이루게 됩니다.

- 참여하고 싶은 공동체의 이미지
    ① 소외감을 주지 않는다.
    ② 다른 이들로 인해 따뜻함을 느낀다.
    ③ 중요한 일을 축하해 준다.
    ④ 어려운 결정을 할 때 도움을 받는다.
    ⑤ 정서적으로 의지가 된다.

참여하고 싶은 공동체의 이미지로 옳은 것은 무엇입니까? 모두 고르십시오.

① 소외감을 주지 않는다.
② 경조사나 개인사에 간섭하지 않는다.
③ 어려운 결정을 할 때 도움을 준다.
④ 정서적으로 의지가 된다.

정답 : ①③④

원수를 막는 파수꾼

아 2:15
우리를 위하여 곧 포도원을 허는 (①   )를 잡으라 우리의 포도원에 꽃이 피었음이라

신앙의 원수들을 막아야합니다. 교회를 허는 원수는 포도원을 허는 여우같은 이단만이 아닙니다. 부정적인 말, 분열을 조장하는 일, 비방과 파당 짓기, 다단계 판매, 금전 놀이와 같이 공동체를 파괴하는 일을 주의해야합니다.

위기 대응

속회는 생명구조대입니다. 삶의 현장에서 일어나는 위기 앞에 기민하게 움직여 구명줄을 던져야 합니다. 문제가 발생한 후 외양간을 고치는 어리석음을 범하면 안 됩니다. 속회원들이 속장과 함께 대처하는 것을 생활화해야 합니다. 사고, 병환, 경조, 여행, 시험에 든 문제, 교회 이동 등을 잘 파악하여 미리미리 적절하게 대처해야 합니다.

자기관리

속장이 자기관리를 제대로 하지 못하면 모든 것에서 실패합니다. 게으르고 나태하고 무책임하다면 아무것도 이룰 수 없습니다. 신앙의 본이 되도록 자신의 삶을 관리하면 속회원들 앞에서 신앙적 권위가 서게 됩니다. 좋은 리더는 자기관리에 성공하는 사람이고 불행한 리더는 자기관리에 실패하는 사람입니다.

① 시간관리(주일), 물질관리(십일조), 영적경건관리(새벽기도, 말씀읽기, 전도), 직장생활 등을 잘하라
② 언제나 성도들에게 실천의 모범이 되라
③ 늘 성장하고 변화하기를 꿈꾸라

■ 정답 : ①작은 여우

분가를 위한 관심

하나님 나라는 겨자씨가 자라 큰 나무가 되는 것과 같은 이치입니다. 생명은 생명을 낳습니다. 병들고 죽은 곳에는 아무것도 태어나지 않습니다. 오직 살아있는 생명만이 개체수를 늘립니다. 교회도, 영적원리도 이와 같습니다.

살아있는 속회도 그대로 있지 않습니다. 생명이 있는 교회에서 속회 수가 늘어나는 것은 당연한 일로서, 생명으로 충만한 속회는 자연적으로 분가하게 되어 있습니다. 사람이 성장하여 결혼하고 분가하여 살림을 나누는 것처럼 속회도 어떤 시점이 되면 분가해야 합니다. 혹 3,4년이 지나도 분가하지 못한다면 속장이나 구성원을 개편하든 여러 클리닉을 통해 생명을 낳는 구조로 바뀌어야 합니다.

교회 성장과 부흥의 기초는 속회입니다. 우리의 속회는 분명한 목표와 기도제목을 정해 새로운 속회를 배출해내는 소그룹이 되어야 합니다. 분가는 속회가 건강하게 존재하고 있다는 징표입니다. 그렇기에 우리의 관심이 어디에 있는지 속장이 늘 살펴야 합니다.

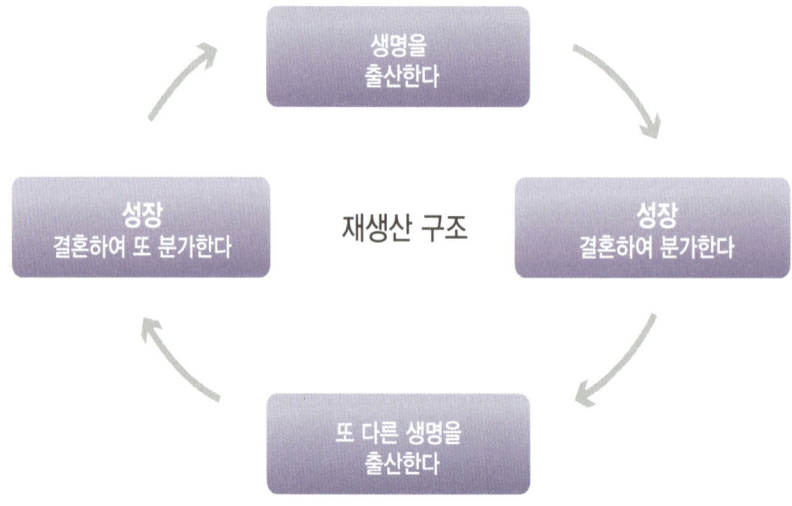

행 2:17
하나님을 찬미하며 또 온 백성에게 칭송을 받으니 주께서 (①   ) 받는 사람을 날마다 (②   ) 하시니라

교회의 존재의미는 영혼구원입니다. 사랑과 섬김을 통해 영생을 알게 하여 사람들을 영생을 얻은 자로 만드는 것입니다. 초대교회의 역동성은 수적 성장으로 나타났습니다. 수적 성장이 목표는 아니었으나 자연스럽게 따라온 결과였습니다. 속회 분가는 하나님 나라를 세워가는 데 꼭 요구되는 것이며 하나님의 계획입니다. 교회가 하나님의 뜻을 이루어나갈 때 속회는 저절로 활발해지며 분가하는 축복을 받게 될 것입니다. 그러나 막연히 속회에 모이는 사람이 늘어났다고 해서 준비 없이 분가하면 어려운 상황이 다가올 수도 있습니다.

기도하라

속회의 기능 중 하나는 쉬지 않는 전도와 기도입니다. 반드시 전도의 결과로 속회가 분가될 것을 믿고 미리 기도해야 합니다. 건강한 속회는 반드시 성장하며 분가합니다. 역으로 생각하면 분가를 위한 기도는 건강한 속회를 위한 기도입니다.

예비리더를 양성하라

속장은 모임 속에서 꾸준한 관심을 갖고 예비 리더를 발굴해야 합니다. 발굴된 예비 리더에겐 장차 속장으로 세워진다는 것을 알려주어야 합니다. 그러므로 속장은 속회원 가운데서 충성된 자를 지목한 후 여러 가지 방법으로 속회를 돌보는 영역에 참여시켜야 합니다. 속장은 항상 예비 리더 양성이란 목표를 세우고 예비 리더로 준비된 자가 되었는지를 염두에 두어야 합니다.

▌정답 : ①구원 ②더하게

'준비가 되었는가?'에 대한 답을 찾으라

'속회원 모두가 성장하여 분가 하는 일에 감격과 기쁨이 있는가?', '분가하는 구성원에 대해 흡족해 하고 있는가?', '새로운 속장을 따르려는 결심이 보이는가?' 등 몇 가지 질문에 긍정적인 대답을 할 때 분가 준비가 된 것입니다.

훈련을 제공하라

교회는 예비 리더를 위해 지도자 학교를 마련해 주어야 합니다. 반드시 소정의 과정을 이수한 사람만 속장으로 세워야 합니다. 목회자와 기존 속장은 지도자 학교에 예비 리더들이 참여하도록 권면하고 용기를 주어야 합니다. 참석자가 결석을 했을 때는 반드시 보충수업을 들어 수료하게 합니다. 모든 성도들이 속장은 반드시 훈련을 통해 세운다는 것을 알게 하는 것이 좋습니다.

기존 속장이 분가의 개척자가 되라

속회의 분가는 새롭게 세워진 속장이 속회원을 데리고 다른 속회모임을 만드는 것이 아닙니다. 기존 속장이 기존 속회를 떠나서 새 속회 모임을 이끄는 것입니다. 이때 자기 맘에 꼭 맞는 사람과 함께 나가는 것이 아니라, 두고 오는 속회 사역에 도움이 되는 방향으로 대상자들을 선정해야 합니다. 속장의 미덕은 언제나 양보와 종으로서의 섬김에 있다는 것을 유념해야합니다. 속회는 기득권을 주장하는 곳이 아니라 더 좋은 길을 다른 이에게 제공하는 곳입니다.

대접하고 시상하라

사람은 주님과 사람에게 인정받는 것이 중요합니다. 속회 모임을 위해 잘한 일은 칭찬하고 대접하면 더욱 큰 용기를 갖게 됩니다. 속장을 위한 축제를 열 때 훌륭한 분가 사례 간증을 하게하고 적당한 시상을 마련하십시오. 특히 건강한 교회의 모델이 될 수 있는 국내외 교회나 기관으로 연수를 보내는 것도 리더를 세우는 일에 도움이 되는 시상 방법 중 하나입니다.

적용을 위한 질문

1. 속장은 속회원들을 어떤 마음으로 돌보아야 할지 서로 나누어 봅시다.

2. 속회가 분가해야 하는 이유는 무엇인가요?

Chapter 06
예비 리더 양육

'리더'에 대한 정의에는 여러 가지가 있습니다. 리더십에 관련된 책이 약 5,000 종류나 된다고 하니 정의가 다양한 것은 어찌 보면 당연한 일입니다(『목회자 리더십론』, 조성종). 그 중 가장 보편적으로 인식하는 정의는 '영향을 미치는 자'입니다. 이는 교회의 리더도 마찬가지입니다. 리더가 신앙에 영향을 미친다는 점을 생각할 때, 올바른 리더를 세우고 예비 리더를 양육하는 일은 매우 중요합니다.

분가하게 되면 새로운 임무와 새로운 리더가 세워집니다. 또 다른 속장을 세우는 일은 교회의 또 한명의 리더를 세우는 것이므로 매우 중요하고 기쁜 일입니다.

예수님의 양육법

속회분가의 여부는 사람의 수가 아니라 새로운 리더를 배출하느냐 못하느냐에 달려 있습니다. 리더 없는 속회는 성장할 수 없기 때문입니다. 그러므로 속회 리더는 속회가 시작되는 순간부터 예비 리더에 대한 양육을 시작해야 합니다.

프로이드 맥글랑의 책 『하나님 아버지의 마음』에서 말하는 예수님이 리더(제자)를 양육하는 단계를 함께 살펴보겠습니다.

① 예수님이 일을 하셨고 그들은 지켜보았다.

예수님은 삶으로 모든 것을 보여주신 모델이 되셨습니다. 모든 일을 예수님이 다 하시면 사람들은 보았습니다. 보여주는 일이 양육의 시작입니다.

② 예수님이 일을 하셨고 그들은 도왔다.

시간이 흐르자 예수님이 일을 할 때 그들이 돕기 시작했습니다. 도왔다는 것은 지켜만 보던 구경꾼들이 움직이기 시작했다는 뜻입니다. 보고 있던 자들의 조력을 이끌어 내는 것이 예수님의 양육방법입니다.

③ 그들이 일을 하였고 예수님은 도와주셨다.

이제는 일의 주도자가 바뀝니다. 구경꾼이며 조력자에 불과했던 사람들이 이제는 예수님의 일을 합니다. 무엇이 예수님의 기쁨이 되는 사역인지 분별을 하게 되고, 열심 있는 일꾼이 되어 섬깁니다. 물론 예수님은 그들이 하는 일을 그저 내버려 두지만은 않습니다. 연약하여 흔들릴 때마다 예수님이 도와주셨습니다.

④ 그들이 일을 하였고 예수님은 떠나셨다.

세움을 받은 사람들은 이제 또 다른 사람에게 모범이 되는 멘토가 되었습니다. 이제 예수님은 그들에게 모든 것을 위임하십니다. 스스로 구원의 사역을 이루며 열매를 맺어가는 전인적인 성숙함! 그것이야말로 양육의 마지막 목표입니다.

예수님의 양육 단계로 바른 것은 무엇입니까? 모두 고르십시오.

① 1단계 – 예수님이 일을 하시고 그들은 지켜본다.
② 2단계 – 예수님이 부탁하자 그들은 도왔다.
③ 3단계 – 그들이 일을 하고 예수님이 도우셨다.
④ 3단계 – 그들이 일을 하고 예수님이 지켜본다.

정답 : ①③

리더 양육의 단계 1 – 현 속회의 준비

기도하라 (마 9:36-38)

기도는 모든 일의 기초입니다. 교회의 사역은 영적인 것이므로 기도 위에 모든 일을 세워야 합니다. 관계를 통해 공동체를 이룬 속회가 때가 되어 분가하는 일은 영적으로 매우 예민하며 마귀가 역사할 수 있는 일입니다. 익숙한 사람들끼리의 모임에서 벗어나 새로운 사람들을 만나고 낯선 사람과 교제를 시작할 때 예민해지기 쉽습니다. 특별히 새로운 리더의 리더십 때문에 어려운 상황이 생길 수 있습니다. 그러므로 일할 사람이 누구인지는 참 중요한 문제입니다. 따라서 속회원들과 속장은 기도해야합니다. 일할 사람을 달라고 기도해야합니다. 주님은 열두 제자를 세울 때 먼저 밤을 새워 기도하셨습니다. 예비 일꾼을 세우는 일도 마찬가지입니다. 기도가 있어야 리더를 올바로 세울 수 있습니다.

사람을 살피라

예비 리더를 세울 때 속회원 모두를 잠재적 리더로 보아야 합니다. 특정한 사람을 미리 정하고 다른 사람을 제한하지 말아야 합니다. 제자는 태어나는 것이 아니라 훈련되어지는 것이라는 말처럼 속장도 긴 시간을 통해 만들어지고 양육을 통해 자질이 향상됩니다. 다방면으로 사람을 주목해 보십시오.

마음을 살피라

리더는 사람들과 관계 맺는 일에 성공해야합니다. 사람의 마음을 읽고 자신의 마음을 열어 교류하는 일이 중요합니다. 리더의 제일가는 소양은 좋은 마음입니다. 적극적인 마음, 수용하는 마음, 감사하는 마음, 겸손한 마음, 칭찬하는 마음, 순전한 마음은 좋은 마음입니다. 소극적인 마음, 배타적인 마음, 불평하는 마음, 오만한 마음, 책망하는 마음, 계산하고 따지는 마음을 경계해야 합니다. 마음 밭을 잘 살펴 리더가 될 수 있는지 없는지를 결정해야 합니다.

리더 양육의 단계 2 - 준비된 사람 선택

선택 기준을 세우라

초대교회가 일곱 집사를 선택할 때, 그 기준은 성령 충만함과 지혜였습니다. 예비 리더를 선택한다는 것은 분가를 전제하는 것이므로 신중을 기해야합니다.
① 기초 말씀양육을 마치고 사역을 적극 소망하는 사람
② 모이기를 즐거워하고 항상 기도하는 사람
③ 사람에게 칭찬을 듣는 사람
④ 세례를 받은 사람
⑤ 성령 충만한 사람

선택 전에 스스로 다음 질문에 답해 보라

① 성실성은?
매우 중요한 문제입니다. 모임이나 예배에 제대로 참석할 수 없는 사람이라면 유능한 리더가 될 수 없습니다.
② 영성은?
리더는 교회의 한 지체로서, 성령의 인도를 받고 순종하는 사람이어야 합니다. 말씀을 사랑하고 규칙적으로 경건생활을 하는 사람을 세워야 합니다.

③ 섬김은?

21세기 리더십은 섬김의 리더십입니다. 나 중심으로 군림하는 어리석은 자는 쓰임 받을 수 없습니다. 남이 이끄는 대로 가 줄 수 있어야 합니다.

④ 전문성은?

자기 분야에 충분한 식견과 경험을 가지고 있어야 합니다. 세상은 전문가를 찾습니다. 속회를 위해 남다른 프로정신이 있어야 합니다.

⑤ 관계성은?

다른 사람들과의 관계가 원만해야 합니다. 가장 좋은 것은 속회안에서 새 가족 또는 영적 어린 아이들을 잘 양육하며 세우려는 사람입니다.

논의하라

군대에는 '인사가 만사다'라는 말이 있습니다. 그만큼 인사행정이 으뜸이라는 뜻입니다. 예비 리더를 물색할 때 교회의 목회자는 속장이 모르고 있던 사람과 사실을 알고 있는 경우가 있습니다. 그렇기 때문에 사역자와 이야기를 나누고 함께 기도하다보면 실수를 줄이고 더욱 현명한 결정을 내릴 수 있습니다. 예비 리더에 대한 확신을 얻을 수 있습니다.

예비 리더 선택 전에 생각해야 할 것으로 옳은 것은 무엇입니까? 모두 고르십시오.

① 영성
② 섬김
③ 경제력
④ 관계성

정답 : ①②④

리더 양육의 단계 3 - 양육과 훈련

속회 리더에 의해 양육한다

① 보여주라

예수님의 양육방법처럼 보여주는 것이 우선입니다. 엘리사는 엘리야가 요단강을 건너는 것을 보았습니다. 엘리사는 본대로 엘리야의 겉옷을 주워 요단강을 건넜습니다. 요단강 건너기를 특별히 배운 것이 아닙니다. 본 대로 한 것뿐입니다. 보여주기보다 확실한 훈련의 지름길은 없습니다.

② 때때로 말로 설명하라

이해가 되도록 설명하되 칭찬과 사랑이 담긴 말로 설명하십시오. 그것도 못하냐는 말보다는 도전해 보라는 말로 설명하는 것이 좋습니다.

③ 스스로 표현하게 하라

예비 리더가 자신의 경험을 말하게 하십시오. 잘된 것과 잘못된 것, 그때의 기분을 표현하는 것은 좋은 훈련입니다.

④ 때가 되면 할 수 있는 일들을 나누어 맡기라

⑤ 예비 리더에게 모두 맡기라

기도하기, 말씀 가르치기, 찬양 인도하기, 심방하기 등 속회모임에서 하는 일들을 예비 리더가 미리 경험해 보아야합니다. 모임의 처음부터 마무리까지 맡아 진행하며 매끄럽지 못한 부분과 감동이 되는 부분을 느껴보는 것이 좋습니다.

⑥ 물러서라

예비 리더가 새 속회를 맡을 수 있을 때 속장은 부드럽게 물러서야 합니다. 믿고 물러서는 것은 참으로 아름다운 모습입니다. 물러서는 것도 결단입니다.

속회리더는 모든 일을 한꺼번에 하려 하지 말고 부분적으로 반복하여 시도해야 합니다. 여러 차례 시도한 후 예비리더가 전체적인 것을 하게 해야합니다.

리더 양육의 단계 4 – 리더로 세우기 위한 위임

용기 북돋아주기

예비 리더에게 확신과 믿음을 심어주기 위해 칭찬과 격려를 아끼지 말아야 합니다. 물론 잘못한 일에 대해서는 정확한 평가가 있어야합니다. 그러나 가능하면 격려를 앞세워 주십시오. 칭찬은 고래도 춤추게 한다는 말이 있습니다. 격려를 통해 자신감을 갖게 하십시오. 사람과 선행에 대해 격려하십시오(히 10:24). 사역에 대한 용기가 생길 것입니다.

 교회에서 사역할 때 다른 이로부터 격려 받은 기쁨을 써 보십시오.

사역을 위임하라

혼자 할 수 있게 하는 것이 훈련의 최종 목표입니다. 그것이 예수님의 방법입니다. 분가는 훈련의 완성입니다. 예비 리더 양육의 성공은 분가를 하는 데에 있습니다.

리더 양육의 단계 5 - 속회 분가

분가는 종합적 판단이 요구됩니다. 분위기를 읽고 때를 기다려야 합니다. 담임자와의 행정적인 절차를 꼭 논의해야 합니다.

훈련 과정을 거친 예비 리더가 속회를 시작할 수 있을 때 분가해야 합니다. 구성원들이 분가에 대한 이해가 있을 때 해야 합니다. 속회의 수를 늘리려거나 너무 커졌다는 이유로 분가해서는 안 됩니다. 예비 리더들이 있을 때 분가해야 분가된 속회가 살아남습니다. 분가의 방법은 'Chapter5, 속회원의 돌봄과 분가'를 참고하십시오.

결론

리더는 반드시 따르는 자(Follower)가 있어야 합니다. 어떤 조직이든지 예비 리더를 세우는 것은 지도력의 과제입니다. 진정한 리더는 예비 리더를 따르는 사람을 만들어주어 함께 움직이도록 해주어야 합니다.

예비 리더를 세워 속회가 탄생되면 그 분가된 속회와 기존 속회는 건강하게 움직이고 있다는 징표가 됩니다. 리더는 리더로서의 할 일을 바로 한 것입니다. 리더의 막중한 책임 중 하나는 사람 세우기임을 유념해야합니다. 예비 리더를 잘 세워 분가하면 속장의 보람이 두 배나 더하게 될 것입니다.

딤후 2:2
또 네가 많은 증인 앞에서 내게 (①   )를 충성된 사람들에게 부탁하라 그들이 또 (②   )들을 가르칠 수 있으리라

■ 정답 : ①들은 바 ②다른 사람

적용을 위한 질문

1. 속회를 분가 하는데 있어서 예비리더가 중요한 이유는 무엇인가요?

2. 예비 리더에게 어떠한 자질이 필요한지 서로 이야기 해 봅시다.

Chapter 07
하나님의 통치를 받는 말

말의 힘

우리는 원자탄, 수소탄의 그 놀라운 파괴력에 대해 알고 있습니다. 그러나 그 맹렬한 위세도 말이 가진 힘에 버금갈 순 없습니다. 말에는 창조력이 있어 한마디 말이 우리를 살릴 수도, 죽일 수도 있습니다. 헬라인들은 "작고 미약한 뼈 없는 혀가 우리를 짓밟아 죽인다"고 했으며 터키인들은 "혀가 검보다 더 많은 사람을 죽인다"고 했습니다. 우리나라에도 "말 한 마디가 천 냥 빚을 갚는다"는 유명한 속담이 있습니다. 이렇게 볼 때 말이 얼마나 중요합니까?

믿는 자는 특별히 말의 권세를 받았습니다. 그것은 말하는 사람이 하나님의 아들이요, 능력과 권세를 지닌 왕 같은 제사장이기 때문입니다.

하나님은 "내가 천국 열쇠를 네게 주리니 네가 땅에서 무엇이든지 매면 하늘에서도 매일 것이요 네가 땅에서 무엇이든지 풀면 하늘에서도 풀리리라(마 16:19)"하시며 우리가 말로 매는 것을 매고, 기도함으로 푸는 것을 풀겠다 하셨습니다. 말씀으로 천지를 지으신 하나님은 자신의 닮은 꼴로 만드신 사람의 말에 따라 역사하십니다. 그래서 말의 실수가 없다면 어느 분야에서든지 성공자가 됩니다.

약 3:2
우리가 다 (①   )가 많으니 만일 (②   )에 실수가 없는 자면 곧
(③   )이라 능히 온몸도 굴레를 씌우리라

사려 깊은 사람은 말을 할 때 늘 주의하고 신중을 기합니다(약 1:26). 어떤 말을 어떻게 하느냐가 대인관계의 성패를 결정한다는 사실을 아는 사람은 성경의 충고에 귀를 기울입니다. 잠언 12:25, 13:17, 16:24, 20:19, 22:11, 29:11 등은 말에 대한 성경의 지침들입니다.

다음은 속회모임에 도움이 되도록 구성한 성경공부입니다. 성경공부를 통해 속회 모임의 성패 역시 말의 힘에 달려있음을 다시 한 번 새기시길 바랍니다.

마태복음으로 보는 말의 힘

마 21:18-22

¹⁸이른 아침에 성으로 들어오실 때에 시장하신지라 ¹⁹길 가에서 한 무화과나무를 보시고 그리로 가사 잎사귀 밖에 아무 것도 찾지 못하시고 나무에게 이르시되 이제부터 영원토록 네가 열매를 맺지 못하리라 하시니 무화과나무가 곧 마른지라 ²⁰제자들이 보고 이상히 여겨 이르되 무화과나무가 어찌하여 곧 말랐나이까 ²¹예수께서 대답하여 이르시되 내가 진실로 너희에게 이르노니 만일 너희가 믿음이 있고 의심하지 아니하면 이 무화과나무에게 된 이런 일만 할 뿐 아니라 이 산더러 들려 바다에 던져지라 하여도 될 것이요 ²²너희가 기도할 때에 무엇이든지 믿고 구하는 것은 다 받으리라 하시니라

예수님은 어디로 가시는 중이셨습니까?

마태복음 21장 12-17절을 읽어보면 예수님은 이미 예루살렘 성전에서 성전

■ 정답 : ①실수 ②말 ③온전한 사람

을 정화하는 일을 하셨습니다. 그리고 사람들을 고쳐주신 후 그들을 떠나 성 밖으로 나가셨습니다. 예수님은 베다니에서 쉬시고 다시 이튿날 이른 아침에 예루살렘 성으로 걸어오고 계시는 중입니다.

예수님은 도중에 무엇을 하셨습니까?

예수님은 배고픔을 느끼어 길가의 무화과나무를 보았습니다. 그러나 무화과나무에서 잎사귀 외에 열매를 찾지 못하시자 이렇게 말씀하셨습니다. "이제부터 영원토록 네가 열매를 맺지 못하리라" 예수님의 선포가 끝나자 무화과나무는 곧 말라 버렸습니다. 말씀 한 마디로 나무 한 그루를 시들게 하신 것입니다.

이 장면을 본 제자들의 반응은 어땠습니까?

제자들은 이 놀랍고 이해하기 어려운 장면 앞에 이상히 여겨 질문을 합니다. "무화과나무가 어찌하여 말랐나이까?" 호기심으로 집중된 질문입니다.

제자들의 물음 앞에서 예수님의 대답은 무엇입니까?

예수님은 말의 힘에 대해서 가르치십니다. 당신의 말 한마디로 무화과나무가 마르는 것을 보여주시고 제자들을 말의 권세로 이끄십니다. 말의 힘을 현장에서 보게 하신 예수님의 의도는 제자들에게도 같은 권세가 있음을 알게 하는 의식화 작업이었습니다.

그렇다면 무엇을 알게 하시려는 것입니까?

첫째, 제자들에게도 말의 권세가 있다는 것입니다. 마태복음 21장 21절을 보십시오. 제자들도 예수님처럼 무화과나무를 향해 선포하면 선포한 대로 결과가 나온다는 것입니다. 의심하지 않는 믿음이 있다면 누구나 가능한 일입니다.

말의 힘에 관한 유명한 실험이 있습니다. 동일하게 밥을 담아놓은 그릇에 한쪽에는 축복의 말, 다른 쪽에는 저주의 말을 써놓았을 때 저주의 말을 써놓은 밥그릇에만 곰팡이가 가득하게 되었습니다. 그리스도인의 말은 믿음으로 선포한대로 분명하게 이루어집니다. 죽이는 말을 선포하면 죽게 됩니다. 살리는 말을 선포하면 살게 되는 일이 나타납니다.

둘째, 말에는 인생의 장애물을 옮기는 기적의 힘이 있다는 것입니다. 예수님은 말에는 산을 옮기는 권세, 즉 지형을 바꾸며 없는 것을 있게 하고 있는 것을 없게 하는 기적의 권세가 있음을 일깨워 주십니다. 산이란 질병과 가난, 고통과 같은 우리 삶의 장애물을 말합니다. 하지만 믿음의 선포 앞에 산은 바다로 옮겨지고 평지가 됩니다. 믿음의 말의 권세가 얼마나 대답합니까?

셋째, 말은 구하는 것을 다 얻는 응답의 역사를 가져온다는 것입니다. 기도란 글자 그대로 하나님께 말하는 것입니다. 위에 계신 하나님의 뜻을 묻고 그분의 말을 듣는 것입니다. 놀라운 것은 그 기도를 하나님이 들어주셔서 응답하신다는 약속입니다. 믿음으로 구할 때 받지 못할 것이 한 가지도 없습니다.

예수님이 가르쳐 주시는 말의 힘으로 옳은 것은 무엇입니까? 모두 고르십시오.

① 우리에게도 예수님과 같은 말의 권세가 있다.
② 그리스도인의 말은 믿음으로 선포할 때 이루어진다.
③ 말에는 인생의 장애물을 옮기는 권세가 있다.
④ 말을 하면 구하는 것을 무조건 얻는 응답이 따른다.

정답 : ①②③

피해야 하는 말

험담

잠 25:23
북풍이 비를 일으킴 같이 (①   )는 사람의 얼굴에 분을 일으키느니라

분노의 말

잠 22:24
(②   )를 품는 자와 사귀지 말며 (③   )한 자와 동행하지 말지니

경우에 맞지 않는 말

잠 15:23
사람은 그 입의 대답으로 말미암아 기쁨을 얻나니 (④   )이 얼마나 아름다운고

아첨하는 말

잠 26:28
거짓말 하는 자는 자기가 해한 자를 미워하고 (⑤   )하는 입은 (⑥   )을 일으키느니라

■ 정답 : ①참소하는 혀 ②노 ③울분 ④때에 맞는 말 ⑤아첨 ⑥패망

되는대로 내뱉는 말

잠 17:28
미련한 자라도 (①   ) 지혜로운 자로 여겨지고 그의 입술을 닫으면
(②   )로 여겨지느니라

해야 하는 말

칭찬하라

일평생 살면서 다른 사람에게 잘했다는 소리를 한 마디도 하지 못하는 사람이 있습니다. 교회와 가정에는 칭찬이 있어야 합니다. 칭찬은 사람을 우쭐하게도 하지만(잠 25:27) 칭찬이 없는 것은 사람의 마음을 움츠리게 합니다(잠 13:12). 사람을 자라게 하는 것은 칭찬입니다. 유명 인사들의 회고담을 보면 칭찬 한 마디 때문에 인생이 바뀐 경우가 많습니다. 포드는 에디슨의 칭찬 덕에 자동차 왕이 되었습니다. 유명 코미디언 구봉서는 교회학교에서의 칭찬 한마디가 오늘의 자신을 만들었다고 간증했습니다. 칭찬은 아첨이 아닙니다. 칭찬은 사랑에서 나옵니다. 건강한 인격에서 나옵니다.

비밀을 지키라

교회의 중보기도 사역자가 반드시 지켜야 할 것은 요청받은 기도내용을 비밀로 하는 것입니다. 이것을 잘못하면 문제가 생깁니다. 어떤 사역을 하든지 신뢰의 척도는 비밀 유지에 있습니다.

■ 정답 : ①잠잠하면 ②슬기로운 자

잠 11:13
두루 다니며 한담하는 자는 남의 (①   )을 누설하나 마음이 (②   )
한 자는 그런 것을 (③   )

　비밀은 간직하기 어려운 뜨거운 감자와 같습니다. 그러나 비밀을 요하는 이야기는 목숨을 걸고라도 말해서는 안 됩니다. 공동체의 존폐는 비밀을 지켜주는 신의에 좌우됩니다. 혹여 자신이 불리해지더라도 비밀을 지키는 것이 서로간의 약속이라면 반드시 침묵해야 합니다. 속회 구성원들 간에 어려움이 오는 것은 대개 이런 비밀을 누설하는 데서 비롯되곤 합니다.

부드럽게 말하라

　대인 관계는 부드러운 말투에 의해 돈독해집니다. 어조(語調)에는 인내, 친절, 성급함, 적대감, 비정함 등이 나타납니다. 부드러운 말은 설득력이 있다.

잠 15:1
(④   )은 분노를 쉬게 하여도 과격한 말은 노를 격동하느니라

　감정을 통제하지 못하는 사람은 자신의 의사를 과격하게 표현합니다. 과격한 말은 갈등과 싸움을 부추길 뿐 화해를 이루는 데 아무런 도움도 되지 못합니다. 중요한 일일수록 목소리를 낮추십시오. 그리고 더 부드럽게, 더 천천히, 더 차분하게 말을 꺼내십시오. 설득과 감동, 이해는 부드러운 말에서 시작됩니다. 혀는 부드럽고 치아는 단단합니다. 그러나 노년이 되면 단단한 치아는 마모되고 사라집니다. 그에 비해 혀는 건재합니다. 단단한 치아에게 씹히고 물려서 피를 흘리며 아파하던 혀는 부드러움으로 살아남습니다. 부드러운 말의 승리를 믿으십시오.

■ 정답 : ①비밀 ②신실 ③숨기느니라 ④유순한 대답

선포하라

세상을 살아가다보면 부정적인 환경에 머물 때가 많습니다. 그때 삶의 승패는 말에 달려있습니다. 예수 이름의 권세로 선포하십시오. 어둠과 거짓을 향해 빛과 진리로 선포하십시오. 선포된 말은 그대로 성취됩니다. 축복을, 고백을, 확신을, 미래를, 선포하십시오.

"나는 성공한다. 나는 복을 받았다. 나는 복의 근원이다. 나는 예수 안에서 천국의 복을 받았다. 나는 꾸어주며 산다. 나는 의의 사도다. 나에게 염려는 박살났다. 빛을 선포하면 어둠이 물러간다."

진리를 선포하면 거짓이 물러갑니다. 선포하는 입술이 되십시오. 하나님은 귀에 들리는 대로 행하십니다(민 14:28). 하나님은 입술의 열매를 창조하는 자이십니다(사 57:19).

적용을 위한 질문

1. 속회에서 '말'이라는 주제에 대하여 배워야 하는 이유는 무엇인가요?

2. 하나님께서는 우리가 어떠한 마음과 자세로 말하기를 원하실까요?

Chapter 08

건강한 속회를 위한 갈등극복

갈등은 무엇입니까? 한 사람의 의견이나 의도가 다른 사람과 모순되어 마찰이 생기고 그 표현이 저지되는 현상입니다.

사역자와 K 성도 사이에 오해가 생겼습니다. K 성도는 사역자가 너무 오만하다고 생각해 그 모습을 동료에게 말하고 다녔습니다. 사역자도 K 성도를 못마땅한 눈으로 보던 참이었습니다. 항상 자기보다는 다른 사역자와 친한 모습이 밉고 싫었습니다. 심방을 가려고 해도 K 성도에게 시원한 대답을 듣지 못하자 그가 무례하고 미성숙하다고 교인들을 붙잡고 이야기했습니다. 두 사람의 관계는 점점 악화되었습니다. 전해지는 과정에서 왜곡되고 덧붙여진 말들은 서로의 감정을 극으로 몰아갔습니다. 급기야 전화로 서운함을 담은 말싸움이 일어났습니다. 그 결과 K 성도는 교회를 옮기고 사역자는 사역을 그만두는 극단에까지 이르게 되었습니다.

교회 내의 갈등은 이 이야기 이상의 상처를 만듭니다. 박혜성 저 『교회 내 갈등』이라는 책을 보면 미국교회의 경우 매달 1,500명의 목회자가 교회를 떠나는데, 그 중 43%가 교회 분쟁을 경험했다고 말합니다.

갈등의 원인은 무엇입니까? 바울은 이런 갈등을 가리켜 육신의 속한 것이라고 말합니다. 사실 갈등의 원인을 이해하는 것은 쉽지 않습니다.

고전 3:3

너희는 아직도 (①   )에 속한 자로다 너희 가운데 (②   )와
(③   )이 있으니 어찌 육신에 속하여 사람을 따라 행함이 아니리요

갈등의 원인

소통의 부재로 인한 오해 – 서로 간에 의사소통 필요

대부분의 오해는 만나서 대화하면 풀어집니다. 교회 회중 대부분은 소통이 제대로 이루어지지 않아 이러한 아픔을 겪습니다. 자신의 날선 감정을 누르고 상대방에게 귀를 기울이는 노력이 필요합니다.

개성의 차이 – 인격의 성숙 필요

이것은 옳고 그름이 아닙니다. 하나님께서 사람을 다르게 지으셨습니다. 일 중심의 사람과 사람 중심의 사람은 서로 다릅니다. 일을 빨리 진행하여 마무리 짓는 사람이 있는가 하면 서두르지 않는 이도 있습니다. 이런 문제는 타협과 협조의 방식으로 접근해야 합니다. 바울과 바나바의 갈등도 여기에 속합니다.

신학적 의견차이 또는 신앙적인 신념의 차이
– 목회자의 적극적 대응 필요

이는 매우 본질적인 문제로 목표 수단 방법의 견해 차이에서 오는 갈등입니다. 이념적 원리적이므로 교회 분리의 원인이 되기도 합니다. 이런 류의 갈등은

■ 정답 : ①육신 ②시기 ③분쟁

쉽게 넘길 수 있는 갈등이 아닙니다. 이단이 교회 내에 침투하면 교회가 요동을 치는데, 바로 여기에 속한 문제입니다. 이럴 땐 목회자가 직접 나서서 적극적으로 해결해야 합니다.

사람의 리더십을 따르는 데서 오는 문제
- 하나님께 초점 맞추기

교회 안에서 다양한 은사를 가진 이들이 지도자가 되어 일을 하다보면 사람의 리더십을 따르는 추종하는 이들이 생깁니다. 물론 어떤 면에선 자연스러운 현상이기도 합니다. 하지만 추종자들이 지도력을 만들게 되고 교회의 리더십이 하나에서 둘 나아가 셋, 넷이 될 수 있습니다. 아볼로, 바울, 게바, 그리스도께 속하였다며 분쟁하는 고린도 교회의 모습은 아주 좋은 예가 됩니다.

감정 통제 실패에서 오는 문제 - 뒤로 물러서서 생각하기

감정은 언제나 이성을 앞지릅니다. 감정이 만들어내는 폐해를 알면서도 그것에 붙잡혀 행동을 하여 갈등을 더욱 크게 만들기도 합니다.

이익을 다루는 데서 오는 문제 - 내려놓기

교회는 영적인 곳이기에 물질적 문제를 소홀히 여길 수 있습니다. 그러나 물질을 다루는 것은 그 조직과 교회의 건강성과 수준이 되기도 합니다. 그러므로 이익의 문제를 잘 다루어야 합니다. 특히 보이지 않는 이익을 다루는 문제는 갈등을 촉발할 수 있습니다. 구제와 섬김의 대상을 정하고 그 일에 책임을 맡길 때 공정함이 깨지면 갈등이 발생할 수 있습니다.

갈등의 원인으로 옳은 것은 무엇입니까? 모두 고르십시오.

① 소통의 부재
② 신앙적인 신념의 차이
③ 통제되지 못한 감정
④ 구제와 섬김의 대상을 정하는 기준

정답 : ①②③④

갈등과 정면 대결하기

　대부분 갈등을 만나면 좌절하고 실망하기 쉽습니다. 문제를 정면으로 보기도 전에 갈등이 두려워 한쪽으로 치우친 생각을 하기도 합니다. 『관계를 풀어가는 지혜』의 저자 홍혜성 박사는 갈등을 대응하는 방법으로 세 가지를 제시합니다.
　첫 번째는 갈등으로부터 도망치는 것입니다. 두 번째는 갈등 상황에서 상대를 공격하는 것입니다. 세 번째는 정면으로 대응하여 당사자 간에 여러 대화법을 사용하는 것입니다. 이 중 세 번째 방법이 성경에서 권고하는 방법입니다.
　갈등을 무조건 암적인 것으로 보지 말아야합니다. 갈등은 사람이 사는 곳에 나타나는 매우 자연스러운 것입니다. 갈등이 일어났다고 사역을 잘못한 것이라 생각지 말고 더 잘되기 위한 과정으로 보아야 합니다. 갈등이 싫다고 그 곳을 떠나고 숨는 것은 해법이 아닙니다. 갈등을 새로운 기회로 여겨야 합니다.
　소니(Sony)의 아키오 모리타 회장에겐 회사의 중요한 일을 결정할 때 중요한 원칙이 있다고 합니다. 한 사람이라도 반대의견을 내지 않는 사업은 좀 더 검토하여 시행한다는 것입니다. 즉 중요한 일은 건설적인 논쟁을 거쳐야 더 잘된다고 생각한 것입니다.
　갈등은 위기가 아니라 성장과 변화의 기회입니다. 갈등을 성장의 동력으로 보고 정면 대결해야 합니다.

갈등에 대응하는 방법

우리는 속장으로서 다른 사람을 격려하고 인정하며 세우는 활동을 합니다. 그런데 간혹 속회 안에서 갈등이 생겼을 때 전체와 구성원을 위해 갈등 제공자와 부딪쳐야 할 때가 있습니다. 이는 정말 부담스러운 일이며 또한 결코 즐겁지 않습니다. 하지만 이 일은 반드시 필요합니다.

우리는 어떻게 문제에 대면해야 할까요? 앞에서 언급한 홍혜성은 갈등을 대응하기 위한 방법으로 평화적 대응을 제시합니다.

갈등 대응의 경사표 "Slippery Slope"

회피적 대응 Peace-faking "나"를 우선	평화적 대응 Peace-making "우리의 관계"우선	공격적 대응 Peace-breaking "너의 처벌"우선
▼자살 ▼도망 ▼부정	★넘어가기 ★직접대화 ★중재대화 ★감정분리 ★교회법 ★회복의사역	▼소송 ▼폭행 ▼살인

평화적 대응에는 총 여섯 가지가 있습니다. 그녀는 미(美)연합감리교회의 목회를 경험으로 넘어가기, 직접 대화, 중재 대화, 감정 분리와 교회법, 회복의 사역을 덧붙여 제안합니다. 이는 회피적 대응이나 공격적 대응과 다르게 상생하는 방법입니다. 교회와 속회는 평화적 대응 방법에 대한 심도 있는 고민이 필요합니다. 덧붙여 빌 가써드(Bill Gothard) 국제품성훈련원에서 제시하는 적대자(갈등자)에게 대응하는 방법도 소개합니다.

적대자(갈등자)에게 대응하는 방법

적대자의 행동	자연적인 반응 (나의 반응)	올바른 대응법 (하나님의 방법)
내게 비판한다	내 자신을 방어 (잠 18:17)	자신을 돌아본다 (고전 11:31)
복수를 계획	적을 비하한다	적의 필요한 것을 찾아보고 기다린다(갈 6:1-2)
형통한다	적의 잘됨을 질투한다 (시편73편)	하나님이 선을 베푸심을 기뻐한다(롬 2:4)
문제가 생긴다	적의 문제를 기뻐한다 (잠 24:17)	적의 부족한 것을 즉시 충족시킨다(롬 12:20)
죄를 깨닫는다	내 죄를 감춘다	그에게 용서를 구하고 함께 일한다(롬 8:37)

준비

① 기도하라

기도는 사랑을 배우는 일에 있어서 절대적 필요 요소입니다. 반디(R. C. Bandi)는 『사랑과 기도』에서 이렇게 말합니다.

a. 기도는 생각과 반성을 하게 한다.
- 사랑은 사랑하는 것이 무엇을 뜻하는지 상고하는 것
- 사랑하는 우리의 능력에 장애가 되는 것이 무엇인지 이해하려 하는 것
- 수세기에 걸쳐 다른 그리스도인들이 우리에게 하나님과 이웃, 사랑에 관하여 말한 것을 연구하는 것

b. 기도는 사랑하는 존재 방식들에서의 발전과 실천이 있다. 우리가 어쩔 수 없이 남을 화내게 하는 것에 대해 사과하는 것, 우리의 길에서 한걸

음 나와서 우리가 별로 관심을 기울이지 않는 어떤 사람이 우리에게 언급하고 있는 것에 주의 깊게 귀 기울이는 것, 수줍음과 실패에 대한 두려움, 혹은 우리의 양심을 떠오르는 것을 거부하는 것을 극복하도록 유도하는 것, 우리 자신에 대한 우리 및 타인들의 기대 이상의 존재로 우리 자신의 의미를 발전시키는 것, 우리 자신을 남들과 나누는 것 등 갈등을 극복하려면 기도가 앞서야 한다. 기도할 때 갈등을 일으킨 사람과 만날 수 있는 용기도 생겨난다. 이렇게 볼 때 어찌 기도 없이 갈등 문제를 다룰 수 있는가?

② 솔직하라

상대방을 사랑한다는 신뢰를 형성해야 합니다. 그러려면 무엇보다 솔직한 것이 중요합니다. 미묘하고 불분명한 말은 하지 않아야 합니다. 핑계나 책임을 모면하려는 말도 마찬가지입니다.

③ 조절하라

갈등 극복을 위해서는 감정을 다스리는 것이 매우 중요합니다. 감정을 다스리기 위한 방법으로는 시간을 갖는 것이 좋습니다. 뒤로 물러서 다른 일에 몰입하거나 변하고 있는 환경을 읽는 것을 추천합니다.

④ 용서하라

용서는 갈등의 소용돌이 속에서 괴로워하고 아파하는 나를 위한 것입니다. 갈등을 일으킨 그 사람을 위한 것이 아닙니다. 용서는 내가 자유를 얻는 길이기 때문입니다. 사단에게 속지 않으려면 용서해야합니다. 마음으로 용서가 되어야 갈등을 일으킨 사람을 만나서 함께 할 수 있습니다.

고후 2:10-11

¹⁰너희가 무슨 일에든지 누구를 (①   )하면 나도 그리하고 내가 만일 (②   )한 일이 있으면 용서한 그것은 (③   ) 그리스도 앞에서 한 것이니 ¹¹이는 우리로 사탄에게 속지 않게 하려 함이라 우리는 그 계책을 알지 못하는 바가 아니로라

■ 정답 : ①용서 ②용서 ③너희를 위하여

⑤ 덮어주라

자신이 저지른 과실은 자신도 충분히 알고 있습니다. 그것을 지적하는 것은 갈등해소의 장애물이 될 뿐입니다. 갈등을 일으킨 사람과 대면했을 때 용납하여 받아주십시오. 잘못된 것을 스스로 알게 하고 자신을 보게 하는 것은 성경의 역사입니다. 상대방의 과실을 보게 하는 것은 내 몫이 아님을 믿고 덮어주어야 합니다.

화법 - 나 메시지

갈등의 감정이 마음에 남았을 때 상대방과 대화를 하는 것은 쉽지 않습니다. 얼굴을 마주보며 대화할 때 적절한 말을 하지 못하게 할 수도 있습니다. 그렇기 때문에 '너'를 판단하는 식의 말은 하지 말아야 합니다. 대신에 '나'에 관해서 말하는 것이 좋습니다.

'너는 말이야', '너의 행동은' 등의 표현 대신 '내 기분은', '내 마음은' 등의 표현을 통해 나의 감정과 기분을 전달하십시오. 나 메시지 화법은 상대방의 약점을 건드리지 않으며 과장되거나 꾸며서 하는 말이 아님을 드러냅니다. 이것은 말하는 사람이 느끼는 감정을 알릴 수 있으며 듣는 자로 하여금 화자를 이해하게 되는 좋은 대화법입니다.

갈등의 대상자를 만나기 위한 준비 과정으로 옳은 것은 무엇입니까? 모두 고르십시오.

① 상대방을 사랑한다는 신뢰를 형성한다.
② 뒤로 물러서서 시간을 갖는다.
③ 나를 위하여 상대방을 용서하기로 결심한다.
④ 정직하게 상대방의 잘못에 대해 말해준다.

정답 : ①②③

리더가 속회원들에게 갈등을 일으켰을 때

견뎌내는 태도

리더는 사람들 앞에 서야하는 경우가 많습니다. 하지만 리더라 할지라도 때로 실수하고 사람들에게 상처를 주기도 합니다. 이때 참된 리더라면 언제나 용서를 구할 줄 알아야 합니다. 듣는 자세를 유지하며 비판하는 자들과 논쟁하며 되받아치지 말아야 합니다.

성도와 집사가 싸우면 성도가 이기고, 집사와 권사가 싸우면 집사가 이기고, 권사와 장로가 싸우면 권사가 이긴다는 말이 있습니다. 즉 속장과 속회원이 싸우게 된다면 당연히 속회원이 이긴다는 말입니다. 속장은 사랑의 마음으로 듣고 관용하며 싸움을 뛰어넘기 위해 견뎌야 합니다. 견디는 태도가 갈등해결의 시작입니다.

비판을 받을 때

듣는 대로 대항하면 갈등은 심해지고 오해는 더욱 깊어집니다. 다른 사람의 비난 앞에 참고 지내는 것은 쉽지 않습니다. 그래도 즉석에서 대꾸 하려고 하지 말아야 합니다. 소문이나 확실하지 않은 이야기들은 진실과 사실 앞에 사라지게 돼 있습니다. 시간이 지나면 자연히 스며들게 됩니다. 그러므로 비판을 들을 때 이렇게 해보십시오.

① 우선 들으라 – 비판자의 생각을 들어라.
② 뒤로 물러서라 – 반대자를 어느 좋은 위치에 두어야 할지 생각하라.
③ 과장하지 말라 – 사실은 심각하지 않을 수도 있다.
④ 잘못이 있다면 시인하는 용기를 가져라.

⑤ 비판자의 수준으로 내려가지 말라. 매듭을 줄여 달라는 기도를 계속하라.
⑥ 고통을 감사하라 – 견딜 수 있으면 화목하고 감사하라.
⑦ 하나님의 영광을 생각하라.
⑧ 성경 말씀을 묵상하라.
⑨ 이야기 나눌 수 있는 신뢰할 만한 친구를 찾으라.
⑩ 나를 지지해 줄 사람을 파악하라.

〈갈등을 극복한 간증〉

"성공적인 갈등처리의 비결은 '101%원리'에 따라 사는 것이다." (존 맥스웰)

'101%원리'는 자신과 갈등관계에 있는 고집스러운 사람이 있다면 먼저 상대방과 일치하는 1%를 찾아내고, 그 1%를 위해 100%의 노력과 능력을 쏟아 붓는 원리를 말한다. 그 1%를 실마리로 삼아 갈등을 해결하는 것이다. 그러나 왕도는 없다.

나는 소송을 겪는 아픔이 있었다. 일단 이기고 출발한 소송이었지만 1심에서 불리한 판결을 받았다. 내가 할 수 있는 일들이 중지되고 무엇보다 응답받은 기도대로 되어지지 않고 있다는 것이 고통스러웠다. 갈등은 해소되고 풀어져야 하는데 모든 상황은 점점 안 되는 방향으로 견고해져 갔다. 갈등이 커지니 설교할 자격마저 없다고 자책하게 되고, 결국 아무것도 할 수 없는 나는 하나님 앞에 나아가 엎드려서 지냈다. 내가 하는 목회가 짐이 되지 않도록 기도하며 지냈다.

어느 날 새벽기도를 하는 중에 갑자기 '일어나라'는 음성이 벼락처럼 들렸다. 그런데 그때 내 앞에 사지가 불편한 교인이 마룻바닥을 치고 일어나려고 했다. 그 사람은 허공을 허우적거리며 일어나기를 시도했지만 바로 일어나지 못하고 여러 번 애를 쓴 끝에야 겨우 일어났다. 나는 가슴을 쳤다. 내가 갈등으로 인하여 아파하는 것이 사치라는 느낌이 들었다. 나는 그때 모든 것을 다 내려놓았다. 열심히 집회를 다니며 목회에 전념하기로 결심했다.

결국 나의 고통의 시간들은 예상을 뛰어넘어 극적 화해로 종결되고 가슴을 찌르던 갈등은 해결되었다. 기도! 갈등과 무슨 상관이 있는가? 그러나 신기하게 송사가 종료되었다. 하나님께서 듣는 기도만이 갈등해결의 시작이다.

갈등의 사례 들어보기

지구상에 완전한 교회는 없습니다. 갈등이 있을 때 어떻게 대처하느냐가 문제일 뿐입니다. 다른 교회, 다른 사람들도 갈등이 있음을 알고 그들의 고민을 느껴보는 일도 필요합니다. 이는 어떤 면에서 자기 자신을 다시 세우는 기회가 되기도 합니다.

감정을 그대로 노출함으로서 깨진 목회

"목회 안 하면 될 거 아냐! 그래, 속 시원하게 떠나 줄게! 배우지도 못한 것들이!" 이렇게 말한 Y 목사는 결국 그 교회를 떠나고 말았습니다.

회개의 은혜로 세워진 목회

5년간 담임자가 세 번이나 바뀐 교회에 미국에서 공부한 목회자가 초빙되었습니다. 그런데 이를 두고 장로님들 간에 갈등이 생겨 교회는 분쟁의 소용돌이에 빠지고 말았습니다. 그때 장로님 한 분이 "제 잘못입니다. 제가 좀 더 기도 했어야 합니다."하고 회개했고 교회는 새로운 목회의 복을 받게 되었습니다.

적용을 위한 질문

1. 실제로 자신의 속회에서 일어났던 갈등과 그것을 극복한 경험이 있었다면 이야기 해봅시다.

   _____

   _____

2. 속회에서 일어나는 갈등을 해결하기 위해서는 어떠한 노력을 해야 할까요?

   _____

   _____

Chapter 09
속장의 영성체험
– 성령의 기름 부음과 능력

그리스도인들이 사역을 할 때 잊지 말아야 할 것이 있습니다. 바로 성령을 받아 그 권능으로 일해야 한다는 점입니다. 그렇지 않으면 능력 있는 사역을 하기 어렵습니다. 왜냐하면 부활의 주님께서 천명(天命)하셨기 때문입니다.

행 1:8
오직 (①   )이 너희에게 임하시면 너희가 (②   )을 받고 예루살렘과 온 유대와 사마리아와 땅 끝까지 이르러 내 증인이 되리라 하시니라

그렇다면 성령의 권능을 받으라고 명령하신 예수님의 일생은 어떠했습니까?

예수님의 기름 부음

구약 시대의 하나님은 세 종류의 사람들에게만 기름을 부으셨습니다. 제사장, 왕, 선지자입니다. 예수님의 직무는 이 세 가지 모두였습니다. 제사장으로서의 예수, 왕으로서의 예수, 선지자로서의 예수입니다. 예수님은 이 세 가지 직무를 위해 기름 부음을 받으셨습니다. 그리스도란 헬라어 '크리스토스'에서 온 말로

■ 정답 : ①성령 ②권능

기름부음을 받았다는 뜻이요, 구원자라는 의미입니다. 메시아도 아람어 '메시-하'에서 온 말인데 기름 부음을 받았다는 의미입니다.

예수님을 그리스도, 메시아라 부르는 것만 보아도 기름 부음을 받지 못한 예수는 상상할 수 없습니다.

눅 3:21-22a

²¹백성이 다 세례를 받을새 예수도 세례를 받으시고 기도하실 때에 하늘이 열리며 ²²(①)이 비둘기 같은 형체로 그의 위에 (②)하시더니

눅 4:1

예수께서 (③)의 (④)을 입어 요단 강에서 돌아오사 광야에서 사십 일 동안 성령에게 (⑤)

Q&A 구약 시대의 하나님께서 기름을 부으신 이들로 옳은 것은 무엇입니까? 모두 고르십시오.

① 제사장
② 왕
③ 신부
④ 선지자

정답 : ①②④

■ 정답 : ①성령 ②강림 ③성령 ④충만함 ⑤이끌리시며

예수님의 능력 사역

누가복음에는 예수님의 능력 사역들이 많이 소개되어 있습니다. 특히 누가복음은 성령과 능력을 연관하여 말합니다.

눅 4:14-15
¹⁴예수께서 (①   )의 (②   )으로 갈릴리에 돌아가시니 그 소문이 사방에 퍼졌고 ¹⁵친히 그 여러 회당에서 가르치시매 뭇 사람에게 칭송을 받으시더라

눅 4:18-19
¹⁸주의 (③   )이 내게 임하셨으니 이는 가난한 자에게 복음을 전하게 하시려고 내게 기름을 부으시고 나를 보내사 포로 된 자에게 자유를, 눈 먼 자에게 다시 보게 함을 전파하며 눌린 자를 자유롭게 하고 ¹⁹주의 은혜의 해를 전파하게 하려 하심이라 하였더라

성령과 관련해 '능력(14절)'과 함께 '기름 붓다(18절)'라는 말이 함께 나온 것을 유의 깊게 보아야 합니다. 베드로는 예수님의 행적을 설교할 때 "하나님이 나사렛 예수에게 성령과 능력을 기름 붓듯 하셨으매(행 10:38)"라고 선포했습니다. 성경은 예수님의 능력 있는 사역은 성령의 기름 부음에서 온 것임을 분명하게 밝힙니다.

예수님 사역의 뿌리는 하나님입니다. 하나님께 모든 것을 받아 사역하셨습니다. 예수님은 인간으로 오셨기 때문입니다. 성령을 받은 후에야 본격적으로 능력 있는 사역이 시작되었습니다.

요 7:16
예수께서 대답하여 이르시되 내 교훈은 내 것이 (④   ) 나를
(⑤   ) 이의 것이니라

■ 정답 : ①성령 ②능력 ③성령 ④아니요 ⑤보내신

예수님께서는 많은 능력 사역들을 하셨습니다. 권세가 넘치는 말씀 사역, 귀신 들린 사람을 고치시는 축사 사역, 많은 사람을 고치시는 신유 사역, 여러 회당과 곳곳에서 복음을 전하는 전도사역 등 두루 다니시며 하나님 나라 확장을 위해 힘쓰셨습니다.

이러한 모든 사역은 하나님의 능력을 받아야만 가능합니다. 그러므로 우리의 사역도 성령을 받아 일하는 능력 사역이 되어야합니다. 물론 사역에 대해 철저히 배우는 훈련의 과정도 필요합니다. 그러나 지식적인 노력에 국한되지 말고 권능을 받아 능력 있는 사역을 해야 합니다.

그리스도인의 사역을 위한 기름 부음

주님을 따르는 우리들도 기름 부음을 갈망하여 받지 않으면 힘 있는 가르침과 축사, 신유, 전도를 실천할 수 없습니다. 그리스도인에게 성령의 기름 부음이 필요하다는 것은 아무리 강조해도 지나치지 않습니다. 능력이 입혀져야 주님이 하신 일과 그보다 더 큰 일을 하게 됩니다. 성경을 통해 그 중요성을 알아봅시다.

고후 1:21-22
[21]우리를 너희와 함께 그리스도 안에서 굳건하게 하시고 우리에게 기름을 부으신 이는 하나님이시니 [22]그가 또한 우리에게 인치시고 보증으로 우리 마음에 성령을 주셨느니라

요일 2:27
너희는 주께 받은 바 기름 부음이 너희 안에 거하나니 아무도 너희를 가르칠 필요가 없고 오직 그의 기름 부음이 모든 것을 너희에게 가르치며 또 참되고 거짓이 없으니 너희를 가르치신 그대로 주 안에 거하라

눅 24:49

볼지어다 내가 내 아버지께서 약속하신 것을 너희에게 보내리니 너희는 위로부터 능력으로 입혀질 때까지 이 성에 머물라 하시니라

요 14:16

내가 아버지께 구하겠으니 그가 또 다른 보혜사를 너희에게 주사 영원토록 너희와 함께 있게 하리니

기름 부음과 성령의 나타나심

기름은 본래 여러 가지 용도로 쓰였습니다. 가장 기본적인 쓰임은 불을 켜는 것과 먹기 위함이었습니다. 또 나그네가 물물교환을 위해 여비 대신 지니고 다니거나 약으로 사용되기도 했습니다. 감람기름은 상처를 낫게 하는 데 효과가 있었습니다. 마지막으로 기름은 성전과 거룩한 구별의 용도로 사용되기도 했습니다. 성경에서 기름은 번영(신 32:13, 33:24, 욥 29:3)과 기쁨(사 61:1-3, 시 45:7, 히 1:9), 성령(요일 2:20, 2:27, 삼상 16:13)을 상징합니다.

성경에는 기름 부음 받은 대비되는 두 사람이 나옵니다. 사울과 다윗입니다. 두 사람의 생애를 보고 기름 부음이 어떻게 나타나는 지 살펴봅시다.

- 기름 부음 받았을 때의 사울(삼상 10:1-12)
    ① 새 마음을 주심
    ② 사무엘이 전한 징조가 다 응함
    ③ 예언하게 됨

그러나 말씀에 불순종함으로 성령의 나타나심이 사라지게 되었습니다(삼상 16:14).

- 기름 부음 받았을 때의 다윗 (삼상 16:13, 삼하 23:1-4)
  ① 감동을 주심
  ② 사람을 포용함
  ③ 담대한 용사가 됨
  ④ 섬기는 능력
  ⑤ 시와 음악에 재주
  ⑥ 승리의 생애
  ⑦ 강한 나라와 권위
  ⑧ 원수를 이김(시 89:20-24)

다윗도 말씀에 불순종하였으나 즉시 회개하여 성령을 다시 모시게 되었습니다(시 51:11).

> **Q&A**
>
> 기름의 쓰임새로 옳은 것은 무엇입니까? 모두 고르십시오.
>
> ① 등불을 켜고 음식을 만들기 위해
> ② 나그네의 물물 교환 용 여비
> ③ 발을 닦기 위해
> ④ 성전과 거룩한 구별의 용도
>
> 정답 : ①②④

나에게도

　기름 부음을 받은 두 사람은 성령의 나타나심으로 놀라운 인생이 되었습니다. 약한 자, 미천한 자, 보잘 것 없는 자가 새로운 삶을 살게 된 것입니다. 재료가 무엇이냐가 중요한 것이 아닙니다. 기름이 부어졌느냐가 가장 중요합니다. 신분도 계급도 중요치 않습니다. 기름 부음이 우선입니다. 놀라운 사실은 우리 모든 성도는 기름 부음의 약속을 받았다는 것입니다. 예수님을 믿는 우리는 기름 부음 받을 자격을 가진 자들입니다.

　① 나는 하나님의 자녀다(롬 8:14-17).
　② 나는 왕 같은 제사장이다(벧전 2:9).
　③ 나는 사도성을 계승한 자다(엡 2:20).
　④ 나는 하나님의 소유된 백성이다(엡 2:19).
　⑤ 나는 교회를 세우는 직임자다(엡 2:11, 롬 12:4-8).

　하나님은 우리 모두가 선지자 되게 하시기를 원합니다. 이 시대의 선지자로 세우신 영순위 자격자는 우리 자신입니다.

　교회도 성령을 받아야 합니다. 그래야 능력 있는 교회가 됩니다. 밀가루, 콩가루라도 기름을 부어야 잘 뭉쳐집니다. 제단에 놓이는 떡이 됩니다. 레위기 2장 4-7절과 14-15절을 보면 하나 되는 교회, 잘 뭉치는 교회, 능력 있는 교회가 되는 길은 기름 부음에 있음을 알 수 있습니다.

　성령의 기름 부음은 받는 사람의 태도에 따라 더욱 강해질 수도, 축소될 수도 있습니다. 그러므로 능력을 받으려는 태도가 중요합니다. 이 사실을 믿지 않으면 아무것도 일어날 수 없습니다. 성령을 인정하십시오. 오직 성령님을 갈망하십시오(시 27:4, 42:1-3, 143:64).

요 3:34
하나님이 보내신 이는 하나님의 말씀을 하나니 이는 하나님이 성령을
　(①　　　　　　　　　　) 주심이니라

■ 정답 : ①한량 없이

전 세계 교회의 영적 갱신을 이끌고 있는 아르헨티나 왕중왕 교회의 담임목사인 클라우디오 플레이저는 이렇게 말했습니다.

"이 시대에 성령의 기름 부음은 성도들에게 영적인 장구(裝具)이다. 주께서 성령의 기름 부음을 행하실 때 사람들이 인정하지 않을 수 없는 영적 권위가 주어지게 된다. 악령들이 우리에게 대적해 와도 성령의 기름 부음이라는 장구를 보고는 멈추어 버릴 수밖에 없다. 원수들은 두려워하게 된다. 주님의 팔은 우리에게 힘을 주고 원수를 깨뜨려 버린다."

기름 부음은 흑암의 세상에서 우리를 빛나게 합니다. 기름 부음이 있을 때 우리의 얼굴은 하나님의 영광으로 빛나게 될 것입니다. 세상을 그리스도께로 나아오게 하는 목적으로 하나님은 기름 부음을 허락하십니다. 그러므로 이제 우리는 그의 능력을 구하고 또 구하는 일에 주저하지 말아야 합니다.

적용을 위한 질문

1. 우리가 사역을 감당하는데 있어서 성령의 기름 부음과 권능을 받아야 하는 이유는 무엇인가요?

2. 우리가 성령의 기름 부음을 받으면 우리에게 어떠한 현상들이 나타나게 되나요?

Chapter 10

속회행정
– 조직과 관리

조직

속회원 구성

속회원 편성은 쉬운 일이 아닙니다. 고려해야 할 많은 부분들이 있지만 일반적으로 두 가지 방법이 있습니다. 하나는 교인들의 사정을 잘 아는 목회자가 편성하는 것입니다. 또 하나는 속회원들의 자발적인 지원을 받아 편성하는 것입니다. 어느 것이 좋을지는 교회의 형편에 맞게 판단하면 됩니다. 속회원을 편성하는 기준에는 지역, 연령, 성별, 관심분야, 사역, 직업 등 여러 가지가 있을 수 있습니다.

속회원의 수

밴드와 속회의 중간 형태인 3-7명 정도로 편성하되 최대 12명까지로 구성합니다. 12명이 넘으면 분가하는 것을 원칙으로 삼습니다. 전도를 통해 12명이 되면 분가하는데 반드시 예비리더가 속장을 할 수 있는 준비가 되었을 때 분가합니다. 여기서 최대인원이 12명인 것은 예수님의 열 두 제자를 뜻하는 것이며, 최소

인원이 3명인 것은 예수님이 필요시에는 제자들을 3명씩 이끌고 다니셨기 때문입니다. 전쟁의 팀워크론(論)에서도 3인은 가장 안정된 방어 형태의 기초 단위입니다. 한 사람은 경계를 서고, 한 사람은 전투 장비를 정비하고, 한사람은 잠을 청하고 휴식할 수 있기 때문입니다.

속회원 구성으로 옳은 것은 무엇입니까? 모두 고르십시오.

① 목회자가 편성하는 것이 제일 좋다.
② 지역, 연령, 성별, 직업 등으로 묶는다.
③ 속회원의 구성원은 최소 3명으로 이루어진다.
④ 속회원이 12명이 되면 분가한다.

정답 : ②③④

속장 세우기

속장 세우기는 모든 일 중에 가장 중심이 되는 일입니다. 속장만 바로 세우면 그 속회원들은 잘 움직일 수 있는 가능성을 갖게 됩니다. 만약 그렇지 못했다면 분가한 속회나 기존의 속회 모두 세워지지 못하고 고사할 가능성도 있습니다. 그렇기에 이 일은 많은 고민과 기도 그리고 전략을 통해 이루어져야 합니다.

대부분의 교회는 속장과 인도자를 따로 세워 두 사람이 속회를 끌고 가게 합니다. 그러나 속회의 지도력은 한 사람에게 집중되는 것이 좋습니다. 책임감과 리더십을 부여하고, 목회의 동역자로 사역을 함께 고민할 수 있도록 비전을 공유해야 합니다. 이 일을 위해서 반드시 교회 안에 속회지도자학교가 있어야 합니다. 속회지도자학교에 관한 자세한 내용은 부록에서 참고할 수 있습니다.

속회의 목적 제시

속회의 목적은 그리스도를 따르려는 사람들을 3-7명의 모임으로 연결시켜 그리스도의 제자로 성장하도록 하는 것입니다. 서로 격려하고 돌보며 그리스도의 강한 정병으로 세워 영적 전쟁에서 승리하며, 예수님의 지상명령을 따라 모든 사람을 제자로 삼는 것입니다.

속회를 운영할 때 행정 목회자는 항상 돌봄, 양육과 훈련, 제자화에 관심을 두어야 합니다. 여기서 속회의 열 가지 가치가 실현될 것입니다.

속회의 분위기 만들기

온 교회가 속회에 집중해야 한다는 메시지를 강조합니다. 주보에도 매주 속회소식을 알리고 속회전용 게시판을 마련합니다. 교회의 빈 공간에 적당한 사이즈의 속회홍보물을 놓는 것도 좋습니다. 교회 사무실에는 속장들의 명단을 게시해 항상 자신의 이름을 교역자와 성도들이 보고 있음을 알게 해야 합니다. 가끔은 영상으로도 속회광고를 하여 자신이 분명하게 속회에 소속되었는지를 확인하게 합니다. 또한 교회에 처음 나오는 이들을 위한 속회안내서를 만들어 활용하는 것도 좋습니다.

> **Tip** 광고로 활용하기 좋은 구호의 예
>
> 속회교인이 우리 교회 교인이다.
> 속회는 기도의 옷을 입고 성장한다.
> 속회는 하나님 사랑, 이웃사랑으로 교제한다.
> 속회는 돌봄으로 건강해진다.
> 속회는 상처 난 영혼을 치료하는 공동체다.
> 속회는 성령의 은사를 경험한다.
> 속회의 리더십은 훈련에서 온다.
> 속회는 살아있는 영적 예배다.
> 속회는 그리스도의 복음으로 선교한다.
> 속회는 살려내고 일으키는 부흥의 자리이다.
> 속회는 전도를 위한 사랑을 나눈다.
> 속회는 말씀이 성육하는 제자의 자리이다.
>
> ※ 여기 12가지 구호는 속회를 살리기 위한 점검규칙으로 사용합니다.

속장 나눔터 기록

속장은 속회사역을 하며 느끼는 삶의 이야기들을 기록하는 것이 좋습니다. 분주한 와중에도 받은 은혜를 기억하는 메모의 습관은 자기 개발과 영적성장에 도움이 됩니다. 감사한 일을 기록하는 것도 좋은 방법입니다. 기록은 훈련이며 또한 신앙을 점검하고 성장케 하는 방법입니다. '부록6'를 참고하십시오.

속회 세우기 위원회 구성

속장들과 함께 효율적으로 일하기 위해서는 '속회 세우기 위원회'가 있어야 합니다. 이들은 속회를 위한 행사나 모임을 주선할 때, 뒤에서 일이 진행되도록 섬겨주는 사람들입니다. 성실하고 책임감 있으며 속장들에게 인정받는 사람들로 구성합니다. 가능하면 교회가 제시하는 여러 가지 훈련을 마친 사람으로, 누군가 신앙 상담이 필요할 때 상담해줄 수 있는 사람들로 합니다. 교회는 이들이 사역자의 마음으로 질병과 시험, 환란으로 힘들어하며 시험에 들어 미지근한 성도들을 심방할 수 있도록 세워줍니다. 순수한 섬김이로 평신도 사역자가 되게 하는 것입니다.

속장과 속회원 사역 훈련

교회의 힘은 은혜의 힘입니다. 교회의 훈련 프로그램 중 '중보기도학교'와 '세자훈련학교', '묵상학교'에 전 성도들이 참여하게 합니다. 속장이 되기 위한 필수 이수과정으로서 두 가지 중 한 가지 훈련을 받으면 되는 것으로 정합니다. 기도와 전도, 이것은 온실 안에 있는 그리스도인이 아니라 초원에서 달리는 사자 같은 야성을 가진 그리스도인을 세우는 길입니다.

속회 안내를 담은 유인물 제작

교회에는 끊임없이 새로운 사람들이 유입됩니다. 목회자는 그들을 속회에 소속시키는 일에 깨어있어야 합니다. 속회를 안내하는 유인물을 만들어 교회 곳곳에 비치하는 것이 좋습니다. 속회의 전반적인 내용들을 담아 예쁘게 만들어 사용하면 교회의 소그룹으로 속회를 이해하는 데 유익할 것입니다. 오래 믿은 성도들 중에서도 가끔 "속회가 뭐지요?" 하고 묻는 경우가 허다합니다. 안내 유인물의 내용은 '부록1'에 실려 있습니다.

관리

모델 속회 운영

처음 속회를 시작할 때 교역자가 이끄는 모델 속회를 운영하여 모든 것을 경험해 보게 하는 것이 좋습니다. 인도하는 법, 대화하는 법, 속회로 모였을 때 얻는 감격과 은혜, 무엇이 지루하고 무엇이 매력인지를 속회원이 되어 체험하게 함으로 새로운 눈을 열어 줍니다. 길게 모이는 것이 어려우면 짧게라도 꼭 모입니다.

소그룹 전도 실행

속회의 기능에는 전도의 영역이 있습니다. 특히 전단지를 나누어주는 전도가 아닌 삶의 접촉을 통한 '관계 전도' 또는 '인격 전도'는 속회에서 실시하는 것이 가장 효과적입니다. 이웃을 사랑으로 섬기며 삶에서 그리스도의 향기가 되는 이 전도는 관계 맺은 사람을 집으로 초대하는 것이 목표입니다. 초대에 응한다면 교회에 나올 수 있는 가능성도 있는 것입니다.

속회를 세우는 성경공부

교회에 새로 온 사람을 속회원으로 활동하게 하는 일은 간단하지 않습니다. 대다수의 사람들은 새로운 환경에 적응하기까지 소극적으로 반응하곤 합니다. 그러므로 활동하는 사람이 되게 하려면 한 사람의 신앙을 일으켜 세우는 다양한 시도가 뒤따라야 합니다. 새가족 양육이나 교회가 제공하는 성경공부 등입니다. 신앙 수준에 맞는 성경공부를 통해 구원과 성화의 삶, 영적 성장의 필요성을 깨달을 때 속회활동에 동참하게 됩니다. 교회의 성경 공부는 속회를 세우기 위한 화력으로 사용해야 합니다. 그리고 교회는 그 화력이 속회세우기에 집중될 수 있도록 관심을 기울여야 합니다.

선교회의 사역을 속회로 흡수

교회마다 선교회와 해외선교 그룹 등이 있습니다. 모두 나름의 장점이 있지만 속회과 선교회의 일 등이 겹친다면 집중력이 분산될 수 있습니다. 남선교회와 여선교회는 동질 그룹의 평신도 모임으로 두고, 나라별 선교 사역은 속회에 흡수시키면 속회의 기능을 살리는 데 일조할 수 있습니다. 속회는 교회 안의 작은 교회입니다. 속회 안에서 선교할 수 있다면 그 속회는 본질을 회복한 교회가 됩니다. 속회를 선교 그룹으로 묶어 선교 전략을 세우고 기도와 후원을 한다면 그보다 강력한 조직이 없을 것입니다.

① 현재 교회가 지원하는 미자립 교회를 속회과 연결시킨다.
② 속회별 선교헌금 내역을 속회 세우기 위원회에 보고하여 항시 확인 가능케 운영한다.
③ 속회별 선교 담당자를 정하고 선교에 관한 봉사를 하게 한다.
④ 선교프로젝트에 따라 교회가 재정적 도움을 준다. 원칙은 속회에서 모금한다.

건강한 속회를 위해 해야 할 일로 옳은 것은 무엇입니까? 모두 고르십시오.

① 모델 속회를 운영한다.
② 소그룹 전도를 실행한다.
③ 성경공부를 통해 속회를 강조한다.
④ 선교회와 사역이 겹치지 않도록 조정한다.

정답 : ①②③

속회 축제

교회 전체가 함께하는 속회 축제를 기획합니다. 속회별로 다양하게 준비한 프로그램을 무대에 올립니다. 속회별 영상, 깃발, 특송, 워십 등 다양한 퍼포먼스를 준비합니다. 속회를 위해 일한 간증자의 이야기도 듣고, 분가한 속회의 사례를 함께 나눕니다. 속회 축제 안에 '속장의 밤'을 만들어 속회를 위해 수고한 자들을 위로합니다.

속회수련회

사역은 때때로 예기치 않은 탈진을 불러일으킵니다. 속회는 사역자들에게 보람의 자리가 되어야지 부담감과 피로의 자리가 되어서는 안 됩니다. 성령 충만하여 자신이 짊어진 사역에 대한 소명을 늘 확인하고 전신갑주로 무장해야 합니다. 그것을 위해 수련회를 마련해야 합니다. 성령의 임재와 은사가 나타나는 수련회, 속장들 간의 관계가 돈독해지는 수련회, 서로의 기쁨과 아픔들을 나누며 새 힘을 얻는 수련회가 되도록 기획합니다.

섬김을 실천하는 봉사

속회는 교회가 세상과 대면하는 최전방입니다. 도움을 필요로 하는 곳에 속회가 사랑으로 다가간다면 이보다 더 큰 영향력을 어디서 찾을 수 있겠습니까? 주변을 살펴 사회적 약자에게 속회별로 봉사를 계획하고 시도한다면 축복의 통로가 되어 어디에 내놓아도 부끄럽지 않은 기관이 될 것입니다.

속장 비전 트립

웨슬리는 "세계는 나의 교구다."라고 말했습니다. 각각의 나라들이 지구촌이라는 이름으로 하나가 되고 있습니다. 이러한 시대에 속장들의 안목을 열기 위해서는 비전트립을 하는 것이 유익합니다. 다양한 나라의 문화를 체험하며 세계의 영혼을 가슴에 품는 기회가 될 것입니다. 특히 건강한 교회로 주목받고 있는 곳은 꼭 탐방하십시오. 또 교회가 지원하고 있는 선교 현장을 아웃리치(선교를 겸한 봉사활동)으로 간다면 더욱 유익할 것입니다.

속장 모임과 코칭

담임목사와 속장들이 매주 한 번씩 만나 속회에 관한 이야기를 나누는 이 모임은 글자 그대로 코칭모임입니다. 이미 훈련을 통해 속장이 되었다 할지라도 정기적인 코칭이 필요합니다. 훈련이 없는 군사는 정병이 될 수 없습니다. 현장에서 뛰는 속장들이 승리할 수 있도록 도와주기 위한 속회 코칭모임은 소그룹 지도자를 통해 교회를 굳건히 한다는 데 큰 의의가 있습니다. 좋은 사관학교에서 훌륭한 군인이 배출되듯 가르치는 일에 소홀해서는 안 됩니다.

또 가끔은 속장들도 속회모임이 의도대로 되지 않아 좌절감에 눌려 사역을 내려놓고 싶은 마음이 들기도 합니다. 그렇기에 고민을 나누고 격려하고 해결책을 논의하는 속장들의 모임이 절실히 요구됩니다. 자세한 코칭 내용은 '부록2'을 참고하십시오.

속장들의 릴레이 기도

날이 갈수록 기도하는 일을 자꾸만 뒤로 미루는 풍조가 만연합니다. 기도는 모든 사역에 있어서 가장 우선입니다. 교회는 속장에게 새벽기도 당번을 맡겨 기도시간표를 배부하고 맡은 시간에 참석하여 새벽을 깨우게 합니다. 가능하면 릴레이 기도를 위한 '십자가전달' 순서를 갖는 것도 좋은 방법입니다. '십자가전달'이란 오늘 기도한 사람이 다음날 새벽에 나와 십자가를 당일 기도 당번에게 전달하는 것입니다. 이를 위해선 새벽기도를 맡은 속장은 무조건 두 번은 새벽에 나와야 합니다. 그 두 번의 새벽기도 체험이 기도생활의 문을 열게 할 것입니다.

적용을 위한 질문

1. 속회를 이끌어갈 때 행정과 조직을 효과적으로 운영함으로서 얻게 되는 이익은 무엇인가요?

2. 효과적으로 속회를 관리하기 위한 방법에는 어떠한 것들이 있나요?

Chapter 11

속회모임의 실제

속장의 속회원 이해

　속장이 속회원들과 실제적인 모임을 가질 때 특별히 '회중의 이해'가 필요합니다. 속회원들의 신앙 성장단계가 모두 같지 않다는 것을 인지하고 각각의 수준을 파악해야 합니다. 릭 워렌은 5단계 헌신의 동심원으로 회중을 설명합니다.

속회원들이 군중 정도의 수준이라면 속회가 재미있는 모임이 되게 해야 합니다. 모임이 낯설고 어색한데 대화할 때도 기독교 전문용어를 사용한다면 교회에 적응하기 어려워집니다. 속회모임을 오락회를 하는 정도는 아니지만 재미있고 편안하며 자유로운 모임으로 이끌어야 합니다.

속회원들이 등록교인들로 무언가에 참여하고 소속되기 원한다면 신앙적 자극을 줄 수 있는 모임이 되어야 합니다. 재미는 장기적 모임의 대안이 될 수 없습니다. 대신에 간증을 사용하십시오. 삶 속에서의 응답과 체험을 서로 나누는 간증을 통해 신앙의 대상인 하나님께로 이끌어야 합니다.

속회원들이 헌신된 자라면 성숙을 위한 교재 중심의 이끔이 있어야 합니다. 이들은 이미 섬김과 전도와 기도에 시간과 물질을 드리는 수준입니다. 말씀을 알려는 욕구, 깊이 있는 하나님의 뜻을 발견, 교회의 존재 이유와 더욱 의미 있는 삶의 실천에 목말라 합니다. 교재의 전체적 흐름에 얽매일 필요는 없습니다. 다만 무언가를 배우고 성숙하게 만드는 시간이 되어야 합니다.

속회원들이 평신도 사역자로서 일하며 목회자와 같은 마음을 지닌 핵심 멤버들이라면 그들에게 목회적 코칭을 시도해야 합니다. 목회자는 이들을 지도자로 세우기 위한 훈련을 제공하고, 예수를 닮아가는 제자로서 성화되어가는 삶을 이끌어야 합니다. 평신도 사역자가 되길 원하는 이들에게 심도 있는 영성훈련을 제시하지 않으면 교회는 더 이상 든든하게 세워질 수가 없습니다. 목회자는 훈련을 제공하고, 평신도는 사람을 세우는 사역에 비전을 공유하고 실천해야 합니다.

 5단계 헌신의 동심원에 나온 회중의 모습으로 옳은 것은 무엇입니까? 모두 고르십시오.

① 군중
② 등록 교인
③ 헌신을 꺼리는 자
④ 평신도 사역자

정답 : ①②④

속장이 알아두면 좋은 것

① 모임이 부담이 되지 않고, 또 오고 싶은 편안한 자리가 되게 하라.
② 무엇인가를 가르치는 데 급급하지 말고, 삶을 함께 나누는 일에 관심을 두라.
③ 속회는 예배 그 이상, 가르치는 것 그 이상이다. 인정받고 용납되고 동질감을 느끼는 곳이 되게 하라.
④ 교재에 얽매이지 말고 자유로워지라. 교재는 나침반일 뿐이다.
⑤ 성령의 인도하심에 민감하라.
⑥ 실천사항은 교회의 가르침이라 전하지 말고, 속장의 평소 생각과 기도의 내용임을 말하라.
⑦ 처음이 중요하다. 세상적인 재미를 소개하지 말고 영적이고 신앙적인 데서 벗어나지 않게 대화를 이끌라.
⑧ 확신을 가지고 증언하라. 성경에 나오는 기적과 주님의 사역을 적당히 대강 말하지 말라.
⑨ 늦지 말라. 항상 준비된 모습을 보이라.
⑩ 전도 및 모든 사역을 할 때, 말이 아닌 행동으로 모범으로 보이면서 섬기라.

속회원이 알아두면 좋은 것

① 서로의 말을 경청하라.
② 텃세부리고 있지 않은지 늘 조심하며 상대방을 높여 주라.
③ 신뢰할 수 있는 분위기를 조성하라.
④ 제 3자의 이야기를 두고 열을 내거나 비방하지 않는다.
⑤ 어려운 문제가 있는 사람에게 관심을 보이고 사랑의 물질을 나누기를 주저하지 말라.
⑥ 모임에 앞장서고, 속회원들과 긍정적인 관계를 맺기 위해 노력하라.

⑦ 질문 시에는 구체적으로 묻고, 대답을 듣고 난 후에는 감사하는 마음을 가져라.
⑧ 아이들의 문제에 예민하게 반응하지 말고 너그럽게 용인하라.
⑨ 말없이 결석하는 일을 삼가고, 부득이한 사정 시에는 미리 알린다. 참석하지 못하는 것을 아쉬워하라,
⑩ 약속을 하고 지키는 과정에서 나에게는 엄격하고, 타인에게는 너그러운 사람이 되라.

속장의 교재 이해

① 목표
교재가 무엇을 지향하는 지, 교재를 마쳤을 때 어떤 점을 알게 되는 지 확인해야 합니다.
② 교재의 내용
미리 읽은 내용을 묵상해야 합니다. 전후 이야기를 연결하는 것도 중요합니다. 교재에는 연속성이 있기 때문입니다.
③ 방법론
일방적 주입식 교육이 되어서는 안 됩니다. 속회원들의 참여를 유도하는 다양한 방법을 찾아야 합니다.
④ 전달할 내용
교재의 내용에 얽매이지 말고, 교재에 제시된 것을 다 가르쳐야 한다는 의무감에서 벗어나야 합니다. 가슴에 부딪쳐 온 것을 가르치고, 은혜 받은 것을 중심으로 나누십시오. 교재의 내용을 가감하되 자신의 것으로 요리하고 쉬운 말로 바꾸어 전달해야 합니다.
⑤ 분위기 대응법
교재의 내용을 나누기 전에 전혀 예상하지 못한 상황과 분위기가 생겨 모임

의 방향이 계획대로 되지 않을 때에는 그 분위기를 자연스럽게 타면서 시작하십시오. 교재보다 더 중요한 신앙의 기회가 될 수 있습니다. 예기치 않은 돌발 상황은 모임에 방해가 될 수도 있지만 성령의 인도하심이 될 수도 있습니다.

속회 인도자 지침서 참고   오목천교회 속회 인도자 지침서

예배 속에 임하는 은혜

"속회교인이 우리교인이다
나는 속회원을 사랑하며 모든 비밀을 지킬 것이다."

마음 문 열기 속회원들을 서로 환영하는 시간입니다.

1) 속회에 찾아오는 속회원들을 반갑게 맞아주고 인사 합니다.
   (밝게 웃는 표정으로 맞아주며 동성일 경우에 가볍게 포옹해 줄 수 있습니다.)
2) 간단하게 서로의 안부를 물으면서 아이스 브레이크로 넘어갑니다.
3) 아이스 브레이크를 진행합니다.

아이스 브레이크(진실과 거짓)

둥글게 한 원으로 모여 앉습니다. 속회원들은 다섯 가지(이름, 나이, 태어난 고향, 함께 살고 있는 가족의 수, 교회에서 봉사하고 있는 부분) 항목을 가지고 속회원들에게 자신을 소개합니다. 이때 다섯 가지 중에서 한 가지는 거짓으로 말합니다. 예를 들어서 나이가 46세인데 45세로 말한다든지, 고향이 수원인데 화성으로 말하든지, 반드

시 한 가지는 거짓으로 말해야 합니다. 나머지 속회원들은 소개하는 사람의 말을 잘 듣고 있다가 어떤 것이 거짓인지 분별해 내고, 먼저 맞추는 사람에게 선물을 줍니다. 자신을 소개하는 중간에 누군가가 정답을 맞히더라도 중단하지 말고 끝까지 소개합니다.

* 속회원들은 게임을 통해 서로에 대해서 알아 갈 수 있습니다.

* 선물 : 껌이나 사탕 하나 주기, 안마해주기.

4) 아이스 브레이크가 끝나면 한 주간 동안 경험한 하나님의 은혜나 기도 응답을 간단하게 서로 나눕니다. (시간이 길어지지 않도록 한 사람당 1분 정도로 진행합니다)

은혜의 문 열기   하나님께 찬양과 경배하며 기도하는 시간입니다.

1) 속장이 찬양을 인도합니다.
2) 공과에 있는 찬송가 53장(하늘에 가득 찬 영광의 하나님)이나 회복과 부흥의 노래 6번(내 입술로)을 찬양합니다.
3) 찬양은 하나님께 올려드리는 것입니다. 하나님을 향하여 마음을 열고 성령님께서 임재하시길 기대하며 찬양을 합니다.
4) 은혜가 되면 두 번 반복해서 부를 수 있으며, 다른 찬양을 이어서 부를 수도 있습니다.
5) 성령의 인도하심을 따라 찬양을 합니다.
6) 찬양이 끝나면 대표기도 담당자가 기도를 합니다.
7) 기도 담당자는 속장이 미리 정해주고 알려줍니다.

말씀의 문 열기 하나님의 말씀을 경험하고 중보 기도하는 시간입니다.

1) 성경읽기 : 요한복음 4:21-26
- 속장과 속회원들이 교독을 하거나 돌아가면서 한 절씩 읽을 수 있습니다.
- 성경은 하나님의 말씀입니다. 말씀의 능력을 의지하며 읽습니다.
- 오늘 성경말씀은 하나님께서 오늘 나에게 주시는 말씀으로 생각하며 말씀에 집중합니다.
- 말씀의 내용이 어렵다고 생각될 때에는 두 번 읽을 수 있습니다.
- 성령의 도우심을 구하면서 말씀을 읽습니다.

2) 말씀 듣기
- 준비한 은혜로운 말씀을 속회원과 함께 나눕니다.
- 말씀을 마치면 '말씀적용을 위한 질문'을 통해 오늘 말씀을 서로 나눕니다.

> **말씀 적용을 위한 질문**
> 1. 오늘 말씀을 통해서 받은 은혜는 무엇인가요?
> 2. 우리가 온전한 예배자가 되는데 방해되는 것들은 무엇인가요? 그리고 예배를 드리는데 방해되었던 것들을 이겨내신 경험이 있으면 말해 보세요.

3) 중보기도하기
- 속회원들 중에 기도 제목이 있으면 서로 나누고 그것을 위해서 기도합니다.
- 아래에 제시한 중보기도의 제목들을 속장이 읽어주고 그것을 위해서 함께 기도합니다.

중보기도 제목

1. 속회를 위한 중보기도
- 속장모임에 속장 전원이 동참하게 해주세요.

2. 교회 학교를 위한 중보기도
- 여름성경학교와 수련회가 잘 진행되고 7월 총동원주일이 잘 지켜지게 해주세요.

3. 각 교구별 기도제목

   A교구
- 교회의 속장 모든 모임(훈련)에 100% 참석할 수 있도록 속장님들의 삶의 환경과 여건을 허락해 주시고, 참석하고 싶은 믿음의 열정을 주소서.
- 1교구 전체 속회를 통해 많은 영혼들이 전도 되게 하셔서 교구가 부흥케 하소서.

   B교구
- 속장들에게 생각의 복을 주옵소서. 할 수 없다는 생각보다는 할 수 있다는 생각으로 따라가게 하소서.
- 2교구 지역에 살고 있는 이들에게 복음을 전하고자 하는 열정을 부으소서.

   C교구
- 속장 모임(매주 수요일)에 다 모일 수 있도록 해 주소서.
- 속장 없는 속회에 훈련된, 준비된 리더를 보내주소서(3명).

4. 선교를 위한 기도제목
- 베트남 대지 구입된 터에 교회 건축 설계가 잘 이루어지도록 해주세요.

적용의 문 열기 헌금하고 축복하며 결단하는 시간입니다.

결단을 위한 질문
"이번 한 주간 동안 온전한 예배자가 되기 위해서 어떠한 노력을 하시겠습니까?"
ex) 그 동안 철야예배에 나오지 않았는데 이제부터 철야예배에 참여하겠습니다.

이번 주 축복의 말
"당신이 하나님께 드리는 그 예배를 하나님께서 기뻐하십니다."

1) 찬송가25장(면류관 벗어서)나 회복과 부흥의 노래 151(내가 주인 삼은 모든 것)을 찬양하면서 준비한 헌금을 드립니다.
2) 헌금과 찬양을 마친 후 헌금기도를 드립니다.
   (헌금기도는 맡은 사람이 하며 속장이 미리 정해 줍니다.)
3) 기도가 끝나면 결단과 축복의 시간을 갖습니다. 한 주간 오늘 말씀을 적용하기 위해서 어떠한 것을 구체적으로 실천할 것인지 속회원 모두가 한가지 씩 돌아가면서 발표합니다. 결단이 끝나면 '이번 주 축복의 말'로 서로 축복해주고 서로 포옹해 줍니다.
4) 광고가 있으면 광고를 한 후 주기도문으로 예배를 마칩니다.

속장 코칭 타임
1. 속장끼리 서로 이야기 나누기
2. 담임목사 목회 이야기
3. 사역자 여름 수련회

적용을 위한 질문

1. 속회에 임하는 속장과 속회원의 마음가짐과 자세는 어떠해야 하나요?

2. 우리 속회의 자랑할 만한 장점을 이야기 해 봅시다.

Chapter 12
소그룹 속회전도

소그룹 모임과 학습활동의 가치

델렌(H.A.Thelen)의 설명

① 심리적으로 아늑하며 의사표현 뿐만 아니라 감정의 표현도 자유롭다.
② 참여의 기회가 많으며 따라서 사회적 평가를 받는 일도 많게 되어 학습의 동기도 고조된다.
③ 개인이 중시되어 개인의 책임감이 증대된다.
④ 자발적 자기 결정적 지도 행위가 양성된다.

사라 리틀(Sara Little)의 설명

① 기독교의 내용과 또한 그것과 관련되는 것들을 배울 수 있는 효과적인 방법으로서의 가치가 있다.
② 기독교 신앙의 본질에 따라 요구되는 특수한 학습이 된다.
③ 그룹이 각 개인을 보살펴 줌으로써 그들은 이제 이 세상을 혼자서 살아간다고 생각하지 않게 된다.

④ 신학적으로 교회의 전도, 즉 하나님께서 인간을 만나시며 인간이 하나님께 응답하는 방법에 대한 기독교적 이해와 상반되지 않는다.

소그룹 모임과 학습활동의 유의점

① 그룹 학습은 각 개인을 스스로 변화해 가는 사람으로 인정해야 한다.
② 그룹의 중요성을 지나치게 강조할 때 전체가 하나 됨에 역효과가 생길 수 있다.
③ 그룹의 중요성을 지나치게 강조할 때 학습의 효과는 반감된다.

하나님 앞에서 자기 책임을 깨닫는 사람이 아니라면 그룹 모임에 어려움이 발생할 수 있습니다. 어느 정도의 성숙함이 있어야 소그룹 활동의 가치는 더욱 빛을 발합니다. 이런 가치와 유의점을 전제로 소그룹 전도에 대해서 계획을 세우고 실천해야 합니다.

소그룹 학습에서 유의해야 할 것으로 옳은 것은 무엇입니까? 모두 고르십시오.

① 각 개인을 스스로 변화해 가는 사람으로 인정한다.
② 각 개인의 신앙 정도는 무시하고 일률적으로 공부한다.
③ 그룹의 중요성을 강조할 때 학습의 효과가 증대된다.
④ 그룹의 중요성을 강조해야 전체가 하나 됨이 더욱 빠르다.

정답 : ①

소그룹 전도가 유익한 이유

그동안 한국 교회는 전도에 많은 시간과 물질을 투자해 잃어버린 영혼들을 교회로 인도했습니다. 시대가 변함에 따라 21세기에는 새로운 전도방식이 필요합니다. 물론 그전에 해왔던 도전적인 형태의 전도도 필요합니다. 야성을 기르기 위해서는 어떤 형태의 전도이든지 중단해서는 안 됩니다. 그러나 시대가 요구하는 관계 전도는 인격과 인격의 신뢰를 쌓아올려 교회의 이미지를 고양하고, 선을 행하는 사람으로서 그리스도인의 이름을 매력적으로 만드는 전도 방법입니다. 속회가 하나가 되어 관계 전도에 깨어 있다면 놀라운 전도의 열매를 맺을 수 있을 것입니다.

소그룹 전도를 위한 전략

① 전도 명칭 만들기
  '관계맺기 전도'를 교회의 사정에 맞게 '사랑방 전도', '집으로초청 전도', '행복한 전도' 등으로 변형해서 부르십시오.
② 전도의 단계
  1단계: 기도하기, 전도 대상자 적어내기
  2단계: VIP와 개인으로 관계 맺기
  3단계: 그룹으로 만나기
  4단계: 집으로 초청 준비하기
  5단계: 초청의 날
③ 기간
  전도의 기간은 매 단계를 2주씩 총 10주로 정합니다. 교회 사정에 따라 기도하기 주간을 4주로 늘려 12주로 해도 무방합니다.

④ 교회의 관심

교회의 모든 프로그램이 관계맺기 전도와 긴밀한 관련이 되도록 계획하고 배려합니다. 담임목사가 항상 기도 내용에 관계맺기 전도를 담고, 속장 모임을 이끕니다. 이때 전도를 위한 적절한 코칭을 해주어야 합니다. 또 다양한 방법으로 지지, 격려, 점검하고 속회마다 필요한 요구에 응답해줍니다. 마지막으로 관계맺기 전도의 단계를 모든 성도들이 알도록 교회 로비에 내용을 게시합니다.

⑤ 실천

이어서 나올 예제를 참고하여 관계맺기 전도의 5단계를 구체적으로 실천해 보십시오.

> 속회 전도는 이렇게 해보세요

1단계 기도하기

성도여러분! 속회를 통한 전도를 위해서 우리들이 해야 할 일은 무엇일까요? 무엇보다 속회전도에서 가장 먼저 할 일은 바로 기도입니다. 세상에 속해있던 영혼을 주님 품으로 인도하기 위해서 가장 시급한 일은 기도입니다. 기도하며 전도할 대상자를 결정하고, 전도할 대상자가 결정되었다면 그 이름을 하나님께 부르짖으면서 기도하십시오. 하나님께서 여러분의 기도를 들으시고 역사하시어 전도대상자가 주님 품으로 돌아오도록 인도해 주실 것입니다. 사단은 전도대상자가 교회로 나오지 못하게 하기 위해서 괴롭히며 힘들게 할 수 있습니다. 이럴 때 전도대상자를 하나님께서 돌보아 주시길, 예수님의 보혈로 그 영혼을 덮어주시길 기도하십시오. 하나님께서 그 기도를 들어주시어 전도 대상자를 하나님 품으로 인도해 주실 것입니다. 전도하기 위해서 가장 먼저 할 일은 무엇이라고요? 그렇습니다. 바로 기도입니다. 기도를 먼저 시작하세요.

점검해 보세요

- 전도대상자를 정하셨나요? 우리 주위에 쉽게 만날 수 있는 사람부터 전도 대상자가 될 수 있습니다. (믿지 않는 가족, 친구, 이웃, 마을 슈퍼주인, 노인정 사람들 등)
- 속회 초청자 기도카드를 갖고 계신가요? 거기에 이름이 쓰여 있나요?
- 전도대상자를 위해서 기도를 시작하셨나요? 여리고 기도회가 열리고 있습니다.

실천합시다
1. 기도하면서 전도대상자 10명을 정해 보세요.
2. 전도대상자를 위해 매일 하나님께 기도하세요.
3. 여리고 기도회에 동참하세요.
4. 전도대상자를 위한 중보기도를 신청하세요.

속회 전도는 이렇게 해보세요

2단계 VIP와 관계 맺기

전도 대상자를 위해서 열심히 기도하셨죠? 그 다음 우리가 해야 될 것은 관계 맺기입니다. 사랑하는 사람이 생기면 자꾸 마음이 가고, 관심이 가고, 좋은 것을 주고 싶고, 어려울 때 도와주고 싶고 그러시죠? 마찬가지입니다. 여러분이 전도하기로 정한 전도 대상자를 사랑으로 섬겨야 합니다. 좋은 것을 나눠주고, 자주 만나 전도 대상자와 관계를 쌓아가야 합니다. 이때 중요한 것이 있습니다. 마음이 급한 성도님들은 이 관계 맺기 단계에서 교회에 나오라고 여러 번 말하거나 예수님을 전하는 경우가 있는데, 그러면 관계 맺기에 실패할 수 있습니다. 말하고 싶어도 조금 참고 아무 이유 없이 사랑해서 섬기는 것처럼 돌봐주고 아껴주어야 합니다. 아니! 진심으로 그들을 사랑하고 아껴주고 관계를 쌓아가야 합니다. 예수님의 사랑으로 전도대상자를 사랑하고 아껴주고 돌보아 주셔서 여러분들이 전도대상자에게 꼭 필요한 존재들이 되세요.

점검해 보세요

- 전도대상자를 진심으로 사랑하고 관심을 갖고 계신가요?
  (기도하면서 자주 만나면 하나님께서 사랑하도록 만드실 것입니다.)
- 일주일에 몇 번 씩 만나고 계신가요?
  (자주 만나는 것은 대단히 중요합니다.)
- 전도 대상자들이 가장 필요로 하는 것이 무엇인지 알고 계신가요?

실천합시다
1. 전도대상자들과 함께 할 수 있는 일들을 정해 보세요.
2. 일주일에 두 번 이상 전도대상자들과 만나세요.
3. 전도대상자들이 가장 필요로 하는 것이 무엇인지 알아보세요.
4. 이제 초청할 전도 대상자 2~3명을 정해 보세요.

> 속회 전도는
> 이렇게 해보세요

3단계 속회그룹과 관계맺기

전도 대상자들과 열심히 관계를 맺고 계시죠? 전도는 성령님께서 함께 하실 때 이루어집니다. 전도는 영적 싸움이기 때문에 성령님께서 역사하셔야만 영혼이 구원받을 수 있습니다. 그러므로 전도하면서 항상 성령님의 도움을 구하십시오. 그리고 또 한 가지가 도움을 더 구하십시오. 바로 우리 속회원들의 도움입니다. 속회원들과 동역하여 전도 대상자를 도울 때에 더욱 분명하고 확실하게 예수님의 사랑을 전할 수 있습니다. 그러므로 전도 대상자를 속회원들에게 알려주십시오. 전도대상자가 무엇을 필요로 하는지, 어떠한 도움받기를 원하는지 속회원들이 알 수 있도록 소개해 주시기 바랍니다. 속회원들 전체가 서로의 전도대상자를 섬겨주고 아껴주어 속회와 같은 소중하고 좋은 공동체가 있음을 알도록 도와주시기 바랍니다. 기억하십시오. 속회원들이 동역하여 전도대상자와 관계를 맺어야 합니다. 사랑으로 동역하세요.

점검해 보세요

- 속회원들이 당신의 전도대상자의 이름을 알고 있나요?
  (속회원들의 전도대상자를 알아보세요)
- 다른 속회원들의 전도 대상자를 함께 섬겨주고 있나요?
  (동역하는 것은 참 중요합니다.)
- 속회원들이 서로 서로 도와주고 있나요?

> 실천합시다
> 1. 속회원의 전도 대상자 이름을 외워보세요.
> 2. 속회원의 전도 대상자를 일주일에 한 번 이상 만나세요.
> 3. 속회원들이 당신의 전도 대상자를 돕도록 정보를 알려 주세요.

속회 전도는 이렇게 해보세요
4단계 집으로 초청 준비하기

속회를 통한 소그룹전도의 핵심은 바로 전도대상자를 집으로 초청하는 것입니다. 이제 관계를 맺은 전도대상자들을 초대할 시간이 되어갑니다. 초대하는 장소는 교회가 아닌 우리들의 집입니다. 그동안 속회원들의 지속적인 노력과 섬김으로 전도대상자는 속회원들에 대한 좋은 이미지와 생각이 있을 것입니다. 전도대상자들에게 그런 좋은 사람들의 모임이 있다고 소개하십시오. 그리고 부담 없이 와서 좋은 사람들과 함께 식사하자고 초대하십시오. 여러분은 이제 속회원들과 함께 전도대상자 초청 준비를 해야 합니다. 초청의 날에 어색하게 흐르는 분위기를 깨기 위한 간단한 게임이나 아이스브레이크를 준비해야 합니다. 작은 선물과 식사를 준비하고 무엇보다도 중요한 간증자를 정해야 합니다. 개인적이며 가슴에서 우러나오는 간증을 통해 전도대상자는 변화되고 복음을 받아들이게 될 것입니다. 자! 이제 여러분이 사랑하고 섬겼던 전도대상자를 위한 준비를 시작하세요.

점검해 보세요

- 초청날짜와 장소를 정하셨나요?
- 초청날짜에 전도 대상자를 초청하고 약속을 잡으셨나요?
- 초청의 날을 위한 준비가 되었나요? 간증자는 누구인가요?

실천합시다
1. 초청의 날에 성령께서 도와주시도록 기도하세요.
2. 초청날짜와 시간, 장소를 정하고 전도 대상자와 약속하세요.
3. 간단한 게임, 식사와 선물, 실내 장식 등을 준비하고 간증자를 정해 보세요.
4. 간증자의 간증을 통해 대상자가 변화되도록 기도하세요.

| 속회 전도는 이렇게 해보세요 |

5단계 초청의 날

드디어, 초청의 날입니다! 여러분이 오랫동안 노력하고 관계 맺었던 전도대상자를 집으로 초청하는 날입니다. 속회원들은 초청장소를 잘 꾸미고 준비한 것을 점검합니다. 찬양, 선물과 식사, 간증자도 은혜롭게 잘 준비 되었는지 미리미리 살펴봅니다. 잘 준비된 시나리오를 통해서 전도대상자가 어색하거나 부담스러운 분위기가 되지 않도록 해야 합니다. 속회원들 모두가 사랑하고 섬겨주고 아끼고 있음을 알 수 있도록 합니다. 무엇보다 중요한 것은 간증입니다. 간증자가 자신이 경험한 실제적이고 마음을 움직이는 감동적인 간증을 할 때에 전도 대상자가 변화될 수 있습니다. 이 시간에 성령께서 전도대상자의 마음을 움직이시도록 기도해야 합니다. 모든 준비가 되었다면 전도 대상자를 집으로 초청하고 성령께서 이 모든 것을 주관하시도록 기도하세요. 성령께서 대상자를 변화시켜 주실 것입니다.

점검해 보세요

- 전도 대상자와 초청 날에 만나기로 약속이 되었나요?
- 찬양과 선물, 간단한 게임과 식사, 실내 장식 등 모든 것들이 잘 준비 되었나요?
- 간증자는 간증이 잘 준비 되었나요?
  (자신이 경험한 실제적이고 감동적인 간증이 준비되어야 합니다.)

실천합시다
1. 간증자가 간증할 때에 대상자가 변화되도록 기도하세요.
2. 찬양과 식사, 선물을 잘 준비하세요.
3. 전도대상자가 부담을 느끼지 않고 사랑을 느낄 수 있도록 준비하세요.

적용을 위한 질문

1. 많은 전도 방법 중에서 속회전도(소그룹전도)를 강조하는 이유는 무엇인가요?

2. 속회전도(소그룹전도)를 실시하지 못하고 있다면 그 이유가 무엇인지, 실시하고 있다면 보완해야 될 점은 무엇인지 나누어 봅시다.

Chapter 13

속장 수련회

　　교회에서 실시하는 속장 교육으로도 충분히 지식과 노하우를 배울 수 있지만 이것으로 모든 교육이 끝나는 것이 아닙니다. 속회라는 것이 우리의 신앙과 영적인 부분을 다룬다는 점에서 반드시 성령님의 역할이 필요합니다. 그래서 꼭 필요한 것이 속장 수련회입니다. 수련회를 통해 성령님을 경험하고 영적으로 살아나는 것입니다. 또 수련회에서 받은 은혜로 속회원을 섬기고 돌보기로 결심하며, 교회는 결심한 이들을 속회로 파송합니다.

　　속장 수련회는 교회의 사정과 여건에 맞게 진행하면 됩니다. 장소는 자유롭게 선정할 수 있으나 교회를 떠나 한적하고 영성이 넘치는 기도원이나 수양관으로 정하는 것이 적합합니다. 일상의 여러 상황에서 떠나 하나님만을 바라보며 주님을 경험케 하는 장소를 선정하는 것이 중요합니다.

　　성공적인 속장 수련회를 위해선 속장들에게 수련회의 중요성을 알리는 것이 가장 중요합니다. 속장 훈련모임이나 교회의 게시판, 또 담임자의 설교를 통해서 수련회의 중요성을 홍보하여 많은 속장들이 동참하도록 합니다.

　　한 예로 오목천교회가 실시하는 속장 수련회 일정을 제시해 봅니다.

수련회 일정

1부

① 환영
미리 준비된 찬양과 함께 그동안 수고했던 속장들을 환영하며 축복합니다. 수련회 장소를 환영하는 분위기로 꾸미고, 편안하게 마음을 열고 집회에 참여할 수 있는 분위기로 만들어 줍니다.

② 말씀집회
담임목사가 직접 말씀 집회를 인도하는 것이 좋습니다. 말씀을 통해 속장들이 목회의 중요한 동역자임을 알리고 목회의 비전을 함께 나눕니다. 또한 이 모든 것은 우리의 힘이 아닌 오직 성령님의 도우심으로 가능함을 전하고, 성령의 기름 부음을 받는데 중심을 둔 말씀을 선포합니다.

③ 기도와 안수
말씀 집회 후에는 모두 함께 성령님의 임재를 구하는 통성기도를 합니다. 이 시간에 담임목사는 사랑하는 마음을 담아 속장 모두에게 안수하며 성령님이 역사하시도록 기도합니다.

2부

① 영상물
'속회란 무엇인가?' 또는 '속장은 어떠한 역할을 하는가?'에 대한 영상을 미리 준비하여 자신의 역할에 대하여 다시 한 번 깨닫게 하며 결단하게 합니다.

② 간증
모범이 되는 속장을 미리 선정하여 속회에서 함께 하셨던 하나님을 증거하거나, 이번 수련회를 통하여 은혜 받은 것을 간증하는 시간을 갖습니다.
③ 결단서
자신의 역할이 무엇인지 깨닫고 은혜 받은 속장들에게 결단을 독려합니다. 하나님 앞에서 속장을 성실하게 잘 감당하겠다는 결단서를 미리 준비해 속장 모두가 결단하도록 합니다. 작성한 결단서를 제단에 올리는 순서를 갖고, 담임목사의 축복기도를 받습니다.

3부

① 세수식
2부에서 결단한 모든 속장들에게 세수식을 행합니다. 세족(洗足)식이 아닌 세수(洗手)식을 택한 이유는 발을 내놓기 부끄러워하는 한국의 정서를 고려한 것으로 이 순서에서 어색하거나 부끄러운 분위기를 만들지 않습니다. 촛불과 음악으로 경건한 분위기를 만들고 담임목사가 모든 사람의 손을 차례로 씻어 줍니다. 이 순서를 통해 속장들은 담임목사의 사랑과 자신의 소중함을 깨닫게 됩니다.

② 파송식 및 서약식
은혜 받은 속장들을 각 속회로 파송하는 파송식과 서약식을 실시합니다. 자세한 내용은 '부록5'를 참고하십시오.

③ 찬양과 교제
모두가 주 안에서 하나라는 의미의 찬양과 워십을 통해 서로 인사하고 안아주며 하나님의 귀한 뜻을 함께 펼쳐 나가자는 교제의 말을 합니다.

④ 축도
담임목사가 속장을 위한 특별한 축복기도를 합니다.

부록

부록 1	속회 안내문 – 속회란 무엇인가?	138
부록 2	속장 모임 – 속회 코칭	141
부록 3	속회 지도자학교	144
부록 4	속회 지도자 학교 설문 (평가)	147
부록 5	속장 영성 수련회 파송식	148
부록 6	속장 나눔터	151
부록 7	속회를 위한 설교	152
부록 8	속회를 위한 강연	157
부록 9	속회 리더가 알아야 할 10가지 속회 부흥 지침	162
부록 10	목자의 도구	168
부록 11	목자의 일	174
부록 12	평신도의 사역터 속회 성장부	183
부록 13	속회 성장부에 대한 꿈	186
부록 14	소그룹을 통한 평신도 목회	189

속회 안내문 - 속회란 무엇인가?

1. 속회란
속회란 본래 작은 모임을 이르는 말로, 웨슬리가 1742년에 사용한 'Class Meeting'이란 단어를 한자어 '속회(屬會)'로 번역한 것이다. 이 속회(屬會)는 "어디에 속해 있다"는 뜻으로 하나님과 교회와 예수님께 속한 모임이란 뜻이다.

2. 속회 조직은
속장과 속회원으로 구성된다. 보통 지역별, 성별, 선교지별, 취미별, 나이별로 조직되며 특수한 경우에는 부부 속회로 조직된다. 우리교회 교인이라면 속회 모임에 참석하고 활동을 해야 진정한 멤버십을 느끼게 된다. 속회에 참석치 않는 사람은 아직 성령의 요구대로 순종치 못한 것과 같다. 그렇기에 특별한 경우가 아니라면 전 성도들이 모두 속회 조직에 들어가야 한다.

3. 현재 속회의 수는
1교구 ○○개 | 2교구 ○○개 | 3교구 ○○개
4교구 ○○개 | 5교구 ○○개 | 청년교회 ○○개가 있습니다.

4. 속회 모임이란

일주일에 한 번 모이는 속회는 집에서 모이는 모임으로 성서적인 가르침을 따르는 것이다. 속회는 웨슬리가 남겨준 유산으로 건강한 교회로 가는 지름길이다. 교회 안의 작은 교회로 진정한 교회를 세워나가는 가장 좋은 전략이다. 속회는 성령의 능력 안에서 하나님의 임재를 체험하는 통로이다. 또 그리스도인의 요람이요, 영적 생활의 둥지다. 무엇보다 평신도가 사역하는 자리다.

5. 속회의 가치는

① 올바른 교회되기 (행 5:42)
② 평신도를 깨우기 (벧전 2:9)
③ 건강한 교회 구조 (히 10:39)
④ 전도의 명령 실행 (막 1:38)
⑤ 은사 발견과 개발 (고전 12:27)
⑥ 공동체를 형성 (롬 12:15-16, 행 2:44-47)
⑦ 교회의 영광 (마 5:16)
⑧ 지도력을 세움 (막 10:35-45)
⑨ 돌봄과 책임 (눅 15:3-7)
⑩ 거룩에서 거룩으로의 성화 (엡 2:10, 레 11:44-45)

6. 속회에서 모여 무엇을 우선하는가

첫째, 돌봄이다. 둘째, 속회원들이 영적으로 자라 장차 사역을 맡을 수 있도록 길러내는 양육이다. 셋째, 가까운 데서부터 열방에 이르기까지 증인으로 살아가는 전도자가 되게 하는 일이다. 이때 속회는 보내는 선교회가 된다. 넷째, 속회원들을 성화되어 가는 주의 제자로 주님을 닮아가게 한다. 이것을 위해 섬김의 관계 맺기를 생활화해야 한다. 이는 전도의 기본 중 기본이다.

7. 새가족을 위한 글

우리 교회에 처음 등록하신 분께

우리 교회의 신앙생활은 속회라는 문을 통과해야 시작됩니다. 속회를 외면하면 건강하게 자랄 수 없습니다. 우리 교회에 등록하셨으니 '새가족 만남의 시간(총 4회)'을 시작하십시오. 그리고 담임목사와 만나 속회에 소속되는 파송의 기도를 받으십시오. 속회에 참여하면 주일에 교회에서 예배하는 것만으로는 모임의 의무를 다하지 못한다는 것을 알게 됩니다. 성령 받은 그리스도인이라면 교회에서의 예배 모임과 집에서의 속회 모임을 즐거이 합니다. 이 두 모임을 오가면 강하고 충만하게 성숙해 갈 것입니다.

| 오목천교회의 실제 안내문 |

속장 모임 – 속회 코칭

속장들이 여러 가지 면에서 계속적으로 성장하지 않으면 속회를 제대로 이끌기 어렵다. 따라서 속장들의 성장과 목자로서 속회 사역을 잘할 수 있도록 코칭을 하는 일이 중요하다. 그 코칭 과정의 일환이 속장모임이며 이것은 속장으로서 필수 과정이다.

1. 언제 모이는가?

일주일에 한 번 교회에서 모인다. 모든 속장이 참석할 수 있도록 여러 번 기회를 마련한다. 예를 들어 수요일에 모인다면 수요일 새벽 5시, 오전 10시 30분, 저녁 수요예배 후 8시 30분에 모일 수 있다. 속장들은 이 중에서 자신의 형편에 따라 적당한 시간을 정하여 참석한다.

2. 모일 때 어느 정도의 시간을 소요하는가?

대략 30분 내외로 한다. 속장과의 만남은 담임목사와의 대화 모임이기에 길게 할 수도 있지만 30분 정도로 하고, 그 대신 매주 꾸준히 쉬지 않고 모이는데 주력한다.

3. 어떻게 모임을 진행하는가?

① 서로 인사하고 마음의 문을 연다.
② 간단히 찬송을 부르고 하나님을 경배한다.

③ 통성으로 기도하며 속회의 승리를 제안하는 기도 제목을 준다.
④ 금주에 나누어야 할 말씀에 대한 질문을 제시하고 서로 이야기를 나누게 한다. (때로는 2명, 4명, 8명 그룹으로 편성)
⑤ 책 이야기, 목회자의 근황 이야기, 속회원들의 기도응답과 감사거리를 서로 나눈다.
⑥ 교회와 개인의 기도 제목을 나눈다.
⑦ 교회와 속회에서 해야 할 여러 가지 사역에 대해 알려준다.
⑧ 구호를 제창하고 마무리한다. (출석 체크는 게시판을 이용해서 스스로 한다.)

이런 순서로 자연스럽게 진행하고, 간단한 '속회 인도자 지침서'를 인쇄물로 만들어 배부한다. 속장은 이를 참고하고 매주 모아 보관한다.

4. 모임에 빠지는 속장은?

1년에 세 번 이상 빠졌을 때 이유를 묻고 진지한 상담을 한다. 속장이 사역을 원하지 않는다면 그 결과에 따라 속장 임명을 고려 할 수 있다.

5. 속장 모임이 지향하는 목표

① 담임자의 비전을 속장들과 공유하기

속장은 영혼을 돌보는 목회자다. 양을 이끄는 목자로서 속장들은 담임자의 비전이 무엇인지 알아야 한다. 목회의 흐름과 방향을 읽고 함께 동행하기 위해서 비전 공유만큼 중요한 것은 없다. 하나의 교회, 강한 교회, 역사를 일으키는 교회로 가는 지름길은 비전 공유에 있다.

② 속장이 속회원을 섬기는 지혜 얻기

속장이 속회원들을 섬기려는 의욕은 있으나 막상 무엇을 해야 할지 모르면 현장에서 막막한 모습으로 허둥지둥하기 쉽다. 망치와 못은 있으되 어느 자리에 못질을 해야 하는지 모른다면 새 집을 오히려 망쳐놓는다. 속장 모임에서 반드시 필요한 것은 속회원을 섬기는 구체적 방법과 기술이다. 모일 때마다 속장이 그 지혜를 얻고 돌아간다면 그 어떤 모임보다도 사랑받는 모임이 될 것이다.

③ 속장들의 영적 성장 이끌기

속장은 지도자다. 세상 지도자들처럼 군림하는 지도자가 아니라 섬기는 지도자다. 섬기는 지도자의 역할을 바로 하려면 날마다 영적인 성장이 일어나야 한다. 또 속회원들은 영적으로 성장하고 있는데 속장의 영적인 눈과 귀가 닫혀 있다면 영적인 돌봄 또한 어렵게 된다. 속장은 어떤 의미에서든지 성장해야 한다. 개인적으로도 변화되고 성장해야 하기에 속장 모임에서는 영적 성장의 길을 도모한다.

④ 속장 간의 교제와 돌봄

속장은 속회원들을 섬기며 돌본다. 그러나 사역을 하는 속장도 누군가 돌보아주며 섬겨준다면 많은 힘을 얻을 것이다. 속장들끼리 모이는 이유는 그들의 희비를 나누며 서로를 이해하기 위해서이다. 속장도 외로울 수 있다. 속장들도 소외감과 좌절감을 가질 수 있다. 서로 교제하고 서로 돌보는 관계가 된다면 힘을 얻은 속장의 사역이 더욱 탄력을 받게 될 것이다.

⑤ 속장이 교회의 VIP임을 알려 주기

교회의 가장 중요한 멤버는 누구인가? 기존의 체제에선 교회의 직분으로 구분한다. 교회 안에서 교회의 제직들의 신앙이 과소평가 되어서는 안 된다. 존경받아야 한다. 그러나 우리교회의 VIP는 제직자보다는 속회를 섬기는 속장들이다. "속회교인이 우리교회 교인이다."라는 슬로건을 내세운 이상 교회에서 가장 중요한 인사는 속장들이다. 그것을 속장 모임에서 체험하고 느끼게 해준다.

6. 맺음말

속장들의 모임은 무엇을 많이 가르치기 위해서 모이는 것이 아니다. 동역의 짐을 나눔으로 서로를 가볍게 하고, 재미있고 즐겁게 교회 사역을 감당하기 위해서이다. 모두가 승리자가 되기 위해서 모이는 것이다.

속회 지도자학교

　속회라는 나무를 심어 열매를 거두려면 속회 지도자학교를 해야 한다. 속회 지도자학교는 성도들의 마음 밭을 갈아엎는데 초점을 맞춘다. 오목천 교회에서는 2007년도부터 13주 과정으로 속회 지도자학교를 시작했다. 많은 교인들은 속회 지도자학교를 왜 하는지 충분히 알지 못했고 또 성실하게 참여하지도 않았다. 그러나 분명한 한 가지는 속회 지도자학교를 끝까지 마친 사람의 태도는 훈련 전과 후가 완전히 달라져 있다는 사실이다.

1. 목적
　속회를 섬길 서번트 리더(Servant Leader)를 세우는 것이 목적이다. 성령과 지혜가 충만하고 사람들에게 칭찬을 듣는 사람들을 대상으로 하는 철저히 평신도 사역자 세우기의 일환이다.

2. 기간
　훈련 과정은 모두 13회를 넘지 않게 한다. 단 속회 과목을 수료 후 속장 수련회는 별도의 시간 운영으로 다룬다.

3. 속회 학교의 스텝

속회 지도자학교를 운영하기 위한 사무 간사를 임명하고, 강의식 교육이 끝나면 조별로 이야기를 나누기 위해 조장을 세운다. 조장은 다른 사람들과 함께 속회에 관한 이야기를 나누며 고백하게 이끈다.

4. 속회 학교 예산

필요한 교재, 간식, 외부 초청강사를 위한 강사비, 포스터 광고비 등을 위한 예산을 확보한다.

5. 모집과 홍보

속회 지도자학교를 처음 여는 경우에는 모집대상을 기존 속장과 인도자로 한다. 두 번째 이상인 경우 속장의 추천으로(예비 리더로 세운 이들 대상으로) 모집하고 홍보는 다양한 매체를 활용한다. 물론 참여자 자신이 자원하는 마음이 있어야 한다.

6. 학사 관리

개근을 원칙으로 하고 2회 불참 시 탈락하는 것으로 한다. 단, 교재를 읽고 과제물을 내면 통과하도록 한다. 교재는 그때마다 선정하여 안내한다.

7. 연합 속회 학교

개체 교회가 단독으로 운영하기 어려운 경우는 지역 목회자들이 연합하여 운영하면 더욱 효과가 있다. 인적 자원도 더 풍성해지고 예산도 분담하게 되기에 효과적이다.

8. 평가

속회 지도자학교의 성취도를 보기 위한 평가를 실시한다. 설문지나 조별 대화를 통해서 알아볼 수 있다. 또한 개선점과 보충해야할 것들이 무엇인지 알기 위해서 평가 자료를 기초로 삼는다.

속회 지도자학교는 해도 되고 안 해도 되는 과정이 아니다. 속회 지도자학교는 속회에 대한 담임목회자의 생각을 디자인해서 회중들과 공유하는 최선의 과정이다. 속회 지도자학교는 속회 회복의 성공과 실패를 가르는 분수령이다. 속회 지도자학교에 전력하면 반드시 열매가 맺게 될 것이다.

속회 지도자학교를 진행한 이후 거기서 머물면 안 된다. 개인적으로는 나는 우리교회를 속회 지도자학교에서 훈련된 평신도들이 건강한 속회를 세워나가고, 그러한 일들을 토대로 속회 컨퍼런스를 실시하는 임상 교회로 만들고 싶다. 그래서 건강한 교회가 속회로 통한다는 것을 제안하고 싶다. 나는 아직도 한국 교회의 부흥은 성령의 부어주심과 속회를 통하여만 갈 수 있다고 믿는다.

속회 지도자 학교 설문(평가)

1. 속장을 세우는 속회지도자학교에 대해 안내광고를 들었을 때 어떤 생각이 들었는가?
   ☐ 매우 관심을 가졌다   ☐ 관심을 가졌다   ☐ 관심을 갖지 않았다   ☐ 기타

2. 속장 훈련기간은 어떠한가?
   ☐ 매우 적절하다   ☐ 적절하다   ☐ 적절치 못하다   ☐ 기타

3. 속장 훈련 방법은 어떠한가?
   ☐ 매우 적절하다   ☐ 적절하다   ☐ 적절치 못하다   ☐ 기타

4. 속장 훈련과목 배치는 어떠했는가?
   ☐ 매우 좋다   ☐ 좋다   ☐ 좋지 않다   ☐ 기타

5. 속회 지도자학교에 대해 하고 싶은 말씀이 있다면?

6. 속회 지도자학교를 통해 속장이 되었을 때 결심한 것이 있다면?
   ☐ 매우 열심히 섬기겠다   ☐ 열심히 섬기겠다   ☐ 그저 그렇다   ☐ 기타

7. 속회원들을 어떻게 이끌어 가길 원하는가?

8. 속회 지도자학교를 이수하면서 이 프로그램에 대한 전체적인 평가를 한다면?
   ☐ 매우 유용하다   ☐ 유용하다   ☐ 유용하지 않다   ☐ 기타

9. 개인의 영성 생활을 점검해 본다면?
   ☐ 속회원들을 위해 늘 기도한다   ☐ 가끔 기도한다   ☐ 기도하지 않는다   ☐ 기타

10. 건강한 교회가 되어가는 일에 속회의 역할은 어떻게 생각되는가?
    ☐ 매우 중요하다   ☐ 중요하다   ☐ 중요하지 않다   ☐ 기타

속장 영성 수련회 파송식

1. 파송식의 목적
　교회에서 실시하는 속장 교육과 함께 속장의 영성을 위한 외부 수련회를 실시한다. 속장은 영성 수련회를 통해서 성령님을 경험하고 은혜를 받아 앞으로 속회원들을 섬기기로 결심하게 된다. 이제 현장으로 돌아가는 속장들에게 파송식을 행하여 그들의 결심을 주님 앞에서 다시 한 번 결단하게 하는 시간을 갖게 한다.

2. 조건과 진행
　속장 교육과 속장 수련회에 참석한 속장만 파송식에 참여 할 수 있으며, 파송식에 참석한 속장은 간단한 파송장과 선물을 받게 된다.

3. 파송식의 진행 순서
　　① 찬 양　　　　② 시낭송
　　③ 영상보고　　　④ 간 증
　　⑤ 축복의 말씀　　⑥ 통성기도
　　⑦ 서약식　　　　⑧ 파송식

4. 세부 설명

① 찬양

찬양 인도자는 속장들이 받은 은혜를 통해서 속회원들을 사랑하고 돌보도록 결단하는데 도움이 되는 찬양을 인도한다.

② 시낭송

속장의 사명에 대한 시나 받은 은혜에 대한 감사의 시를 미리 선별된 속장이 낭송한다.

③ 영상보고

속회를 성공적으로 이끈 속장과 속장 교육과정 및 수련회에서 은혜 받은 속장을 선별하여 간증 영상을 준비한다.

④ 간증

수련회를 통해서 은혜 받은 속장이 직접 나와서 간증할 수 있는 시간을 갖는다.

⑤ **축복의 말씀**

담임목사가 속장의 중요성과 속장 역할의 중요성을 바탕으로 하는 설교를 한다.

⑥ 통성기도

속장으로서 맡은 사명을 성령의 도우심으로 하게 해달라는 기도를 드린다.

⑦ 서약식

파송식을 시작하기 전에 속장들이 서약문을 읽고 서명한다. 대표 속장이 앞으로 나와 서약문을 낭독한 후 담임목사에게 전달한다.

⑧ 파송식

흥겹고 결의를 북돋는 찬양과 함께 축하 선물과 파송장을 증정하고, 서로 축복된 말을 해주며 감사의 인사를 한다.

우리의 서약

우리는 이번 속장 수련회를 통하여 하나님께서 우리를 속장으로 부르신 뜻을 발견하고 그 뜻을 따라 교회를 섬기고 속회원들을 사랑하는데 우리의 노력을 다할 것을 다짐하며 다음과 같이 서약합니다.

1. 우리는 하나님께서 우리에게 속장 직분을 맡기셨음을 감사하며 기쁨으로 속장을 감당하겠습니다.
2. 우리는 예수님께서 몸소 세우신 ○○○교회를 사랑하며 최선을 다해 교회를 섬기겠습니다.
3. 속회원들은 우리에게 맡겨주신 하나님의 자녀로 생각하며 열심히 사랑하고 섬기며 그들을 돌보겠습니다.
4. 우리는 우리의 영성과 하나님의 뜻을 바로 알기 위해서 예배 생활에 최선을 다하며 기도하고 말씀 읽는 일에 최선을 다하겠습니다.
5. 우리는 우리의 말과 행실이 속회원들에게 큰 영향을 줄 수 있음을 기억하며 올바른 말과 진실된 행동으로 성도들의 모범이 되겠습니다.
6. 우리는 담임목사님의 목회 비전을 함께 나누며 목사님의 목회 방침에 순종하며 그 뜻을 이루는데 최선을 다하겠습니다.
7. 우리는 우리의 속장 역할을 하는데 있어서 우리의 힘이 아니라 성령님의 힘을 의지하며 그 분의 이끄심에 최선을 다하겠습니다.

속장을 맡겨 주신 하나님께 감사드리며 위의 서약을 최선을 다해 감당할 것을 하나님 앞에서 서약 합니다.

20   년   월   일 속장   (서명)

속장 나눔터

초기 감리교회에서는 속회원을 관리하기 위해 속회 속장 보고서에 영적 상태를 부호로 기입했다. 깨달은 자는 "a" 상태가 의심스러운 자는 "?" 칭의를 고백한자는 "." 하나님의 사람을 온전히 고백한 자는 ":" 라고 표시했다. 그리고 분기마다 속회 입회증서를 갱신하였다. 오늘의 시대에 속회 입회증서 활용이 어렵겠지만, 성도들의 상태를 나름의 부호로 기록하는 것은 돌봄을 위해서 좋을 듯 싶다.

	년	월	일	작성자
감사한 삶을 기록하기				
속회원을 위한 돌봄 사역들				
금주의 사역에서 쓰고 싶은 이야기				

속회를 위한 설교
성전에도, 집에서도 모이는 신앙 (사도행전 2장 42절-47절)

성령을 받으면 신앙의 기본이 바로 선다. 초대교회에서 보이는 건강한 교회의 모습 중 하나가 모이기를 힘쓴다는 것이다. 사도행전 2장 41절에서 베드로의 설교를 듣고 사람들이 세례를 받았는데 그 수가 3,000명이나 되었다.

사도행전 2장 46절을 보면 그 사람들이 날마다 마음을 같이 하여 성전에 모이기를 힘쓴다. 유대사람들이 십자가에 못 박은 예수를 그리스도라 따르는 이 새로운 움직임은 유대 사회에서 너무나도 초라하고 낯선 무명의 도였다. 그러나 3,000명의 사람들은 모이는 일에 우선했다. 이것이 감동의 드라마다. 어떻게 모였는가?

첫째, 날마다 모였다.
초대 교회는 처음부터 신기록 열전이다. 어떻게 날마다 모일 수 있었는가? 약속을 미루고, 남들보다 부지런함으로 하루의 일과를 마무리 짓고 난 후 날마다 힘써 모였다.

둘째, 마음을 같이하여 모였다.
예수를 믿어 세례를 받고, 제자가 된 그들의 마음은 분열되지 않았다. 마음이 하나로 일치하였다. 모이는 일에 '왜?'라는 이견이 없는 것은 매우 놀라운 사실이다. 하나 되는 마음을 만들려고 힘썼던 것이다. 예수는 크리스천의 주인이요, 크리스천의 스승이다. 예수 그리스도 한 분만이 나의 자랑이요, 나의 구원이다. 그를 따르기 위해 마음을 같이 한다는 것은 곧 다른 우선순위를 내려놓는다는 것이다. 세상으로 가고 싶은 것을 내려놓으면 모이게 된다.

"내가 주인 삼은 모든 것 내려놓고 내 주 되신 주 앞에 나가
 내가 사랑했던 모든 것 내려놓고 주님만 사랑해
 주 사랑 거친 풍랑에도 깊은 바다처럼 나를 잠잠케 해
 주 사랑 내 영혼의 반석 그 사랑 위에 서리."

셋째, 성전에 모였다.

예루살렘 처음 교회는 주일이 아니라 안식일에 모였다. 장소가 없어서 유대인 성전에 모였다. 제도도, 제직도 없었다. 초대교회는 유대교의 한 무리처럼, 한 분파처럼 시작되었다. 그러나 분명한 것은 믿는 자 모두가 한 자리에 모이기를 힘썼다는 것이다. 120문도이든지 3,000명의 숫자이든지 더 나아가 4,000명, 5,000명, 10,000명의 수가 되어도 성전에 모였다. 이는 자석이 쇠를 잡아당기듯 십자가의 도와 성령의 역사가 저들을 한 모임으로 잡아당기고 있었기 때문이다.

은혜가 임하면 어찌하든 모이게 된다. 은혜를 경험하면 모이는 일을 더 잘하게 된다. 은혜가 있던 곳에 기쁨이 있고 세상에서 누리지 못한 자유와 소망이 있다. 어떻게든 모임을 방해하는 것을 피하여 모이려고 힘쓰게 된다. 모이면 힘을 얻고, 격려가 되고, 믿음이 강해지기 때문이다.

무디를 찾아온 청년이 "왜 모여야 하느냐?"고 물었을 때 무디는 벽난로에서 장작을 꺼내 보여 주었다. 장작을 태우던 불은 꺼지고 연기가 났으나 집어넣으니 다시 발갛게 타올랐다. 그제야 청년은 고개를 끄덕였다. 모이는 것은 성령의 임재의 수단이 된다. 모일 때 은혜를 받고 새 사람이 되는 것은 21세기도 마찬가지다.

히브리서 10장 25절은 "모이기를 폐하는 어떤 사람들의 습관과 같이 하지 말고 오직 권하여 그 날이 가까움을 볼수록 더욱 그리하자"고 말한다. 교회의 모임을 중요시하자. 큰 모임, 전체 모임에 힘을 써서 동행하자. 미스바 모임이 승리의 모임이 되었고, 수문 앞 모임이 은혜 받는 모임이 되었고, 다락방 모임이 성령을 체험하는 모임이 되었다. 모이면 복 있는 인생이 된다.

그런데 우리가 잊지 말아야 할 것이 있다. 교회 뿐아니라 집에서도 모여야 한다는 것이다. 예배를 위한 주일 모임도 물론 중요하지만, 결코 외면해서는 안 되

는 또 다른 모임이 있다. 가정에서 모이는 모임!

사도행전 2장 46절에서는 "집에서 떡을 떼며 기쁨과 순전한 마음으로 음식을 먹고", 47절에서는 "하나님을 찬미하며"라고 했다. 초대 교회에서는 모이는 모임이 날마다 일어나고 있었던 것이다. 집은 성전과 크기가 다르다. 집에 들어갈 수 있는 자가 제한되어 있다. 3,000명의 무리들은 각자의 집에서 나누어져 모였다. 지역별로 모였다. 소수의 모임이기에 사도행전 2장 42절의 기록과 같은 모임이 가능했다.

첫째, 떡을 떼는 모임이 가능했다.

떡을 나누어 먹는 것은 한 식구라는 말이다. 한 가족, 한 식구라는 것은 믿음 공동체의 소속감이 있는 모임, 은혜를 나누는 모임, 서로를 섬기는 모임임을 보여준다. 친밀감이 있는 모임을 의미한다. 서로의 필요를 채우는 사랑의 모임이다.

둘째, 기쁨의 모임이 가능했다.

은혜를 받은 마음에는 원망이 설 곳이 없다. 그리고 기쁨이 샘솟는다. 기쁨이란 단어는 JOY다. JOY란 말은 Jesus, Others, You의 첫 글자가 모여서 이루어진 단어다. 예수 앞에 오면 기쁨이 생긴다. 초대교회의 모임은 기쁨으로 모이는 가정집 모임이었다. 예수님을 모신 모임이기에 기쁨의 자리였다. 부담스러운 모임이 아니었다.

셋째, 순전한 마음의 모임이 가능했다.

사도행전 2장 46절에 나오는 순전함이란 이기적이나 계산된 목적이 없는 깨끗한 마음이다. 오직 주님께 은혜 받은 마음, 주님을 사랑하고 주님을 더 높여드리고자 하는 마음, 단순한 마음을 가지고 모이는 모임이었다.

순전한 마음은 영성의 기초다. 소그룹은 이런 마음을 가져야 한다. 심플해야 한다. 오늘의 그리스도인들이 다시 관심을 갖고 회복해야 할 모임이 있다면 바로 이 모임이다. 이미 소그룹 모임의 중요성을 깨달은 사람들은 초대 교회의 두 가지 형태의 모임 앞에 감탄을 한다. 예수님이 수많은 무리를 만나시면서도 12제자의 소그룹을 운영하셨듯이 예루살렘 교회도 대형 모임이면서 작은 소그룹의 모임, 집에서의 모임을 날마다 갖고 있었다.

릭 워렌은 이러한 성서적 모임의 원리를 알고 "가장 크게 성장하는 것만큼 가장 작게 성장하라"고 하였다. 그는 초대 교회의 모임은 소그룹 모임으로 규정하고 그 모임의 목적을 이렇게 찾아냈다. 소그룹의 가치는 오늘 본문 속에 8개가 있다.

① 가르치는 목적 (행 2:42)
② 교제의 목적 (행 2:42)
③ 나누는 목적 (행 2:42)
④ 기도의 목적 (행 2:42)
⑤ 섬김의 목적 (행 2:45)
⑥ 공급의 목적 (행 2:46)
⑦ 예배의 목적 (행 2:47)
⑧ 구원의 목적 (행 2:47)

여기서 더 놀라운 것은 성전으로 모이는 모임이나 집에서 모이는 모임이나 본질은 똑같다는 점이다. 하는 일은 별반 다르지 않다. 사도행전 5장 42절은 "그들이 날마다 성전에 있든지 집에 있든지 예수는 그리스도라고 가르치기와 전도하기를 그치지 아니하니라"고 말한다. 교회에서 예배했다면 집에서도 예배한다. 교회에서 전도지를 돌렸다면 집에서도 전도지를 돌린다.

축도로 예배가 끝난다고 예배하는 삶이 끝이 나는가? 오히려 집으로 돌아가는 걸음이 예배의 시작이어야 하고 집에서 찬송 소리, 기도 소리, 말씀을 나누는 영적 애찬의 소리가 나야 한다. 집에서의 모임 속에 예배, 친교, 선교, 봉사가 다 있어야 한다. 이런 의미로 속회는 가정이 교회가 되는 모임이다.

존 웨슬리는 경건주의 영향을 받았다. 성경을 읽고 기도하고 신앙서적을 읽는 거룩한 사적 모임, 콜레기아 피에타티스를 스페너에게서 배웠다. 또 웨슬리는 어떤 이에게 이런 말을 듣는다.

"당신은 하나님을 섬기고 천국에 가기를 원하시지요? 명심하십시오. 하나님을 결코 혼자서 섬길 수 없습니다. 그러니까 동지를 찾든가 없으면 만드십시오.

혼자서 믿는 고독한 종교에 대해 성경은 가르치고 있지 않습니다."

웨슬리는 신앙이 성장하는데 있어 속회를 중요시 여겼다. 격려와 돌봄으로 함께 하는 자리가 속회이기 때문에 속회 안에서 서로 교제하게 하였다. 신앙의 기본은 모임에 있다. 속회는 바로 집에서의 모임이다.

우리는 이 집에서의 모임이 교회 안의 작은 교회로서의 모임임을 깨닫고 기본을 새롭게 세워야 한다. 집에서의 작은 모임을 불평하고 등한시한 것도 우리의 허물이다. 우리 모두 기쁨과 순전한 마음을 구하고 가정에서의 찬송과 기도를 회복하자. 핑계거리를 만들어 집에서의 모임을 폐할 수 있을까 하는 마음을 버리자. 언제까지 거짓말 할 것인가? 태도를 바꾸어 먼저 전화하라. 속회에 가고 싶다고 전화하라. 생각해 보라. 당신의 가정에서 찬송 소리가 났는가? 성령님이 임재하시는 단이 되도록 당신의 방문을 열어드렸는가? 현관문을 활짝 열고 언제든지 믿는 자의 만남을 기대하는가? 가정에서의 속회 모임, 생각할수록 귀한 모임이다.

집은 강대상 없는 교회이다. 속장, 인도자는 가운 없는 목회자이다. 소속감으로 서로 돌보는 말씀 나눔은 교회학교와 같다. 내 가정이 제단이 되고 하나님의 임재를 초청하는 곳이 되는 것, 얼마나 감사할 일인가? 이제부터 우리는 집에서 모이는 모임에 힘써야 한다.

교회 게시판에 붙여둘 표어는 이렇다. "속회 교인이 우리 교인이다." 이 표어대로 집에서 모임을 갖는 것이 바로 건강한 그리스도인의 길이다. 우리는 작은 그룹인 속회에서도 선교하고 예배하고 교제한다는 것을 잊지 말자. 속회는 교회라는 자부심으로 가정 모임을 가꾸고 신앙을 재확립하자. 꿀벌이 꽃을 향해 날아가듯 속회 모임, 집에서의 예배 모임에 달려감으로 예수의 생명을 지닌 진짜 교인이 되자.

속회를 위한 강연
부담스러운 이름에서 자랑스러운 이름으로

"교회는 건물인가? 사람인가?"
"교회는 계급인가? 섬김인가?"

하나님의 백성이라는 '라오스 투 데오스'의 개념은 앞의 질문에 대답해야 할 필요성을 말해준다. 마땅한 대답을 하자면 교회는 불러냄을 받은 사람들이다. 히브리서 10장 24-25절은 "서로 돌아보아 사랑과 선행을 격려하며 모이기를 폐하는 어떤 사람들의 습관과 같이 하지 말고 오직 권하여 그 날이 가까움을 볼수록 더욱 그리하자"라고 말한다. 사람의 모임이 중요하다. 그런데 그 모임이 약해지고 있다. 더욱이 주중에 모이는 속회 모임은 약해지는 것을 넘어 병들고 죽어가고 있다. 속회 모임이 살아야 한다.

1. 성령을 받으라 (엡 5:18)

복음서의 제자들은 그리스도를 주라고 고백했으나 비겁쟁이, 기회주의자였다. 반면 사도행전의 제자들은 그리스도의 복음을 위하여 담대한 용기가 있는 목숨을 내어놓는 사역자였다. 베드로의 설교와 증언을 보라. 힘이 넘치고 증인으로의 능력이 넘쳤다. 사도행전 2장 14절과 4장 18-20절을 보면 의혹하고 조롱한 이들, 공갈 협박하는 유대교 지도자들 앞에서 보고 들은 것을 말하지 않을 수 없다고 했다(행 4:20). 성령을 받은 자의 전도는 파워 전도이다.

2. 두 개의 초대교회의 모임(행 5:42)

성령 받은 사람들에게는 두 개의 모임이 있었다. 하나는 성전에서의 모임인 큰 모임이며, 또 다른 하나는 집에서의 모임인 작은 모임이다. 이것을 보고 빌 백헴(William A. Beckham) 은 그의 책『제 2의 종교개혁』에서 두 모임이 두 날개로의 기능을 발휘했다고 말했다.

이렇게 초대교회는 회중적인 성전으로 모이고, 공동체적인 속회 소그룹으로 모였다. 동일한 시간에 한 가정에서 또는 여러 가정에서 돌아가며 정기적으로 매일 모이기도 하고 한 번씩 모이기도 하였다. 기록에 따르면 고린도 교회는 큰 건물이 아닌 20-30개 정도의 가정교회로 구성된 공동체로 알려진다.

3. 모두 교회이다 (엡 4:11-12)

성전에서나 집에서나 날마다 이루어지는 사역은 서로 같았다. 예수는 그리스도임을 가르치고 전도했다. 하나님 나라 확장을 위해서 날마다 이 일을 계속했다.

초대교회 소그룹은 선교와 구제의 기능이 통합되어 있었다. 현대교회의 소그룹이 교회의 하부구조 정도로서 행정적 관리 대상이라면, 초대교회의 소그룹은 모든 사역이 통합적으로 시행되는 교회 속의 작은 교회였다.

모든 교회가 사도행전에 나오는 두 유형의 교회 모임으로 회복되어야 한다. 집에서의 모임도 교회다. 예수 그리스도를 머리로 하는 속회 안에는 ①양육과 돌봄 ②상호책임 ③지도력 ④전도 ⑤가족공동체의 요소가 있다.

교회로서 모이는 속회를 살려야 한다. 즉 교회로 살려야 한다. 교회 목사만 일하는 것이 아니다. "그가 사도로 선지자로 복음 전하는 자로 혹 목사와 교사로 주셨으니(엡 4:11)", "이는 성도를 온전케 하며 봉사의 일을 하며 그리스도의 몸을 세우려 하심이라(엡 4:12)" 직임은 달라도 사역의 목적은 같다.

4. 정체성에 눈을 뜨고 평신도를 보라 (벧전 2:9)

"그러나 너희는 택하신 족속이요 왕 같은 제사장들이요 거룩한 나라요 그의 소유가 된 백성이니 이는 너희를 어두운 데서 불러 내어 그의 기이한 빛에 들어가게 하신 이의 아름다운 덕을 선포하게 하려 하심이라(벧전 2:9)"

우리는 모두 동등하다. 부르심이 같고 신분이 같다. 단지 기능이 다르고 역할이 다를 뿐이다. 교회로 부르신 부르심과 세상으로 부르신 부르심이 다를 뿐이다. 평신도가 동역자이며 평신도가 사역자이다. 모든 성도는 교회의 지체들로서 아름다운 덕을 선전해야 한다.

5. 목사의 목회란?

평신도의 자원을 발견하고, 그들을 사역자로 세우는 것이다. 목사 혼자서 다 하는 것이 아니다. 지체의 은사대로 직임대로 일을 맡기고 세워 증인이 되게 하는 것이다. 거듭남, 제자화, 영적 군사화, 제자 삼는 사역자 만드는 것이다. 속회 소그룹의 살길은 속회를 평신도가 목회하는 자리로 보는 것이다. 목사의 목회는 지휘자(Conductor)의 역할이다. 성도들이 자기 분야(은사)에서 자기 악기를 맘껏 연주하며 기량을 가지고 하모니(Harmony)를 이루게 하는 것이다.

속장들을 양들에게 마음을 두는 평신도 목회자가 되도록 세워야 한다. ①기도준비 ②강의준비 ③예물준비 ④나눔준비를 하도록 하는 일을 해야 한다.

6. 속장

① 속회의 담임자로서 전문가가 되어라. 속장은 속회원을 손 안에 가슴 안에 넣고 매일 만나야 한다. - 전화, 문자, 이메일, 편지, 중보기도, 등등.

② 영적 성장을 날마다 점검하라. 영성을 갖추기 위해 성령을 사모하고 기도, 묵상, 말씀읽기, 영적독서를 한다.

> **싱가포르 CHC교회의 체험**
>
> 평균 나이 24.5세의 젊은이들이 작은 그룹 Cell로 모이는 교회로 Cell장들은 훈련이 잘 된 전문가들로 세워져 있었다. 속회모임을 진행할 때 자연스럽게 5W에 기초해 있었다.
> 5W는 다음과 같다.
> Welcome, Worship, Word, Work, Witness

7. 속회가 삶의 진지(陣地)다

성도들을 어떻게 지역사회에 침투시켜 변화를 가져오는가? 알고 보면 흩어진 교회로서의 집과 이웃은 가장 효과적인 진지이다. 교역자가 심방, 전도를 나가면 30-50분 이상 한 집에 거할 수 없다. 그러나 평신도들은 항상 이웃과 만난다. 태도만 바꾸면 언제나 이웃을 만날 수 있다. 그래서 집은 전도의 자리다. 변화의 자리이다. 섬김의 자리이다.

이제는 방문전도 보다도 소그룹 전도가 흐름이다. 방문 전도는 아파트 입구에서 전달하지만 소그룹 전도는 현관문을 열고 들어간다. 관계 맺기를 통한 전도로서 좋은 결과가 있다.

8. 교회는 구별되어야 한다

교회는 세상과 똑같아서는 안 된다. 그 구별의 길은 성결이다. 동화는 하되 변질되어서는 안 된다. 성결을 붙잡고 나아가라. 웨슬리 시대의 밴드(Band)는 성결을 위한 모임이었다. 후에 속회로 포함되었다. 그러므로 속회의 특징은 성결이다. 죄를 고백하고, 죄를 용서하고, 죄를 피하는 성결의 모임, 성화의 모임이 되어 이 땅의 어떤 모임과도 구별되어야 한다. 거기서 힘이 나온다.

9. 결 론

속회를 통해서 목회를 세운다.

속회는 사생자처럼 부담스러운 것이 아니다.

속회는 전통이기에 형식적으로 해야 되는 것이 아니다. 그 이상이다.

속회는 교회가 존재하는 방식이다.

속회는 교회를 가장 건강하게 세우는 기초다.

속회가 있는 감리교회, 그것이 자랑스러운 이름이 되도록 하는 일은 목회자로 부름 받은 우리들에게 일차적인 책임이 있다.

속회 리더가 알아야 할 10가지 속회 부흥 지침

1. 돌보라 (잠 27:23)

속회의 문제점 중 하나는 교회를 운영하고 지탱하기 위한 관리 체계로서 속회를 조직하고 운영한다는 것이다. 속회가 조직으로 남아 있으면 의무가 되고 생명력을 잃어버린다. 그러므로 속회는 형식적인 관리 목적에서 벗어나야 한다. 사람들을 사랑으로 만나는 돌봄의 공동체가 되어야 한다. 돌보기 위해서는 모두가 유모의 마음을 가져야 한다. 유모는 자기 것을 내어주어 생명을 기른다. 젖은 옷을 갈아입히고, 칭얼대는 아기를 달래주며, 건강하게 자라도록 돌본다. 유모가 아이의 울음소리와 노는 모습과 잠자는 모습을 보며 아이의 필요성을 알아차리듯 속회 리더들은 세밀히 속회원들을 살펴야 한다.

2. 나누라 (히 10:25)

속회 모임의 목적은 모든 사람을 제자로 삼는데 있다. 마가복음 3장 13-15절에서 주님이 제자를 삼으실 때 그 방법은 세 가지였다. ①함께 있게 하심 ②보내사 전도하게 하심 ③권세가 있게 하심이다. 여기서 함께 있게 하심은 삶을 공유하며 나누기 위해서이다. 말로 가르치는 것보다 삶으로서 보여주며 우선의 가치 선택을 공동생활로 경험하게 하려는 의도이다. 속회의 최고 가치는 공과를 가르치는 것이 아닌 삶을 나누는데 있다. 함께함으로 희비애락을 나누며 가치관을 나누어야 한다. 가치관을 나누는 지름길은 고백이다. 성경에 비추어 본 자기의 실수와 고민을 고백하면 나눔은 피상적인데서 깊은 곳으로 들어가게 된다.

3. 섬기라 (벧전 5:3)

속회를 위해 일하는 리더는 자신이 리더이기에 자기 뜻대로 의사 결정을 해야 한다는 착각을 할 수 있다. 또 앞에서 달리는 사람이기에 군림하거나 명령하는 식으로 사람들을 대하는 실수를 할 수 있다. 속회 리더는 주장하는 자세가 되어서는 안 된다. 오히려 섬김의 자세가 되어 속회원들에게 맞추려는 자세를 가져야 한다. 섬김의 리더십, 이것이 주님이 베드로에게 보여주신 모습이다. 그리고 예언하셨다.

"내가 진실로 진실로 네게 이르노니 젊어서는 네가 스스로 띠 띠고 원하는 곳으로 다녔거니와 늙어서는 네 팔을 벌리리니 남이 네게 띠 띠우고 원치 아니하는 곳으로 데려가리라(요 21:18)." 남이 요구하는 곳, 남이 이끌어 가는 곳으로 따라갈 수 있는 섬김, 그것은 성숙하지 않고서는 어려운 일이다.

4. 들으라 (약 1:19)

리더가 속회에서 말을 많이 해야 좋은 지도자가 되는 줄 알고 있다면 언어생활을 바꾸어야 한다. 말을 많이 하면 실수하게 되고, 말을 많이 하면 다른 사람이 말을 하는 것을 방해하게 된다. 속회원들이 더 많이 말하게 하고 그 입에서 나오는 말을 들어주는 사람이 된다면 훌륭한 리더의 자질을 갖춘 것이다.

사람들 중에는 쉼 없이 자기 말만 하는 모터 마우스(motor-mouth)들이 있다. 리더가 만약에 그 부류에 속한 자라면 속회는 깨지기 쉽다. 언어생활의 기초는 듣는 일이다. 상담의 기초는 듣는 일이다. 속회원들의 삶의 이야기를 들어주고 적당한 반응을 보여줌으로 속회원들이 언제나 찾고 싶은 리더가 되도록 하라.

5. 열라 (고후 12:5)

사람들이 나와 너 사이에 관계를 맺으며 살 때 자신의 강점과 온전한 모습만 보여주려고 한다. 약점이 드러날까 봐 전전긍긍하고 은폐하며 산다. 자신의 삶을 위장하고 닫아둔 채 관계를 맺으려는 지도자는 추종자(Follower)를 얻기 어렵다. 그리고 내가 속해 있는 속회를 건강하게 회복하기 어렵다.

사람은 누구나 약점을 가지고 있다. 지나간 삶의 경험 속에서 만들어진 상처의 딱지가 남아 있다. 그러나 그것을 자신있게 내어 놓고 자랑할 수 있어야 한다. 오히려 약함이 그리스도의 능력을 경험하는 도구가 되었다는 고백이 있어야 한다. 자기의 마음을 열 수 있는 사람은 따뜻하고 가까이 하고 싶은 신뢰가 생긴다. 플라스틱인 줄 뻔히 아는 데도 금 바가지인 것처럼 속이며 완벽한 사람처럼 행세하는 사람은 사람들을 멀리 떠나게 한다. 마음의 창을 활짝 열라. 겉과 속이 다 보이도록 열라.

6. 수용하라 (애 3:22-23)

이 세상은 죄와 전쟁하는 전쟁터이다. 거룩한 삶을 살려는 그리스도인의 삶은 치열하고 긴장감이 넘친다. 또한 죄의 유혹에 넘어가 피투성이가 되어 깊은 좌절과 고민 속에 빠진 이들도 허다하다. 이유야 무엇이든지 교회 공동체 안에도 넘어진 이들이 수없이 들어오고, 속회모임에서도 만나게 된다. 우리는 불법을 사하고 그 죄를 가리우심을 받은 다윗의 행복을 알고 있다(롬 4:7). 하나님 아버지의 자비와 긍휼이 무궁하신 것을 알고 아버지의 아들 된 리더들은 정죄하는 자, 판단하는 자가 되어서는 안 된다. 리더가 율법주의자가 되어 율법의 잣대로 옳고 그름을 가리면 회복의 기쁨을 맛보기 어렵다.

죄를 범한 자는 이미 자신의 실수와 연약함을 알고 있다. 그 허물을 있는 그대로 덮어 주고 가족의 구성원으로 수용할 때 용서의 기쁨을 알게 된다. 사람이 새롭게 변화되는 것은 사랑으로 내가 받아들여지고 있다는 느낌을 가질 때다. 이해하고 덮어주고 수용하는 속회를 만들라.

7. 기다리라 (눅 15:20)

속회 모임에서 가장 성급하게 생각하는 것은 한 영혼의 변화를 너무 빨리 기대하는 것이다. 그리고 그 기대가 이루어지지 않을 때 포기한다는 것이다. 사람이 성장하는 것도 때가 있고, 돌이켜 새 사람이 되는 것도 때가 있고, 그리스도인다운 섬김을 실천하는 것도 때가 있다. 그러므로 한 영혼에 대한 리더의 자세는 기다려 주는 일이다.

사람은 누구나 선한 일을 위하여 지으심을 받는다(엡 2:10). 또한 우리를 구원하신 이유는 ①거룩하게(엡 1:4) ②예배하게(엡 1:6) ③기업이 되게(엡 1:11) 하려는데 있다. 그러므로 속회원 한 사람 한 사람은 이와 같은 과정이 진행 중이다. 즉 공사 중인 건물과 같은 것이다. 흉물스럽고 어지럽고 먼지가 날리는 공사 현장일지라도, 답답하고 힘들어도 기다리면 완성된다. 시간이 지나면 비와 눈을 막아주고, 냉기와 온기를 막아주는 건물이 완공된다.

다른 것은 몰라도 사람만큼은 포기하지 말라. 끝까지 아들을 기다리는 아버지처럼 기다리고 기다리라. 그리하면 성경적인 사람으로 건축되고 만들어진다.

8. 깨끗하라 (시 119:9)

사회를 지키는 것은 규범이다. 불문율의 도덕과 윤리가 사회의 질서를 지켜준다. 그러나 도덕과 윤리는 파도의 거품과도 같다. 사람이 지킬 수 있는 여건이 될 때 도덕과 윤리의 규범을 내세운다. 그러나 여건이 달라지면 규범은 곧 사라지는 거품이 된다.

그리스도인은 무엇으로 자기를 깨끗하게 할 수 있는가? 곧 하나님의 말씀이다. 말씀을 가까이 해야 새벽이슬 같은 깨끗한 삶이 이루어진다. 속회 리더는 깨끗한 삶을 살아야 하는데 신실하지 못하면 안 된다. 물질생활에 있어서 정직하라. 사람과의 약속인 신용 관계에서 신실하라. 언행이 일치하지 않고 상황에 따라서 말이 바뀐다면 권위가 땅에 떨어진다. 속회원들에게 무심코 한 작은 약속이라도 지키려고 노력하라. 사람인지라 실수했을 때는 깨끗하게 인정하고 이해를 구하라. 둘러대고 은폐하면 지저분해지고 만다. 말씀이 가라는 곳까지 가고 멈추라는 곳에서 멈추고자 하는 단순성을 보여라.

9. 절제하라 (갈 5:22-23)

사람의 모임이 활력이 있고 기다려지는 모임이 되려면 적당한 사귐이 있어야 한다. 친분이 있는 사람끼리의 마실 다니기, 식사하기, 취미공유 등 사적 만남의 교류가 일어나야 한다. 그러나 이런 교류들도 적당하게 하는 일이 중요하다. 모임 속에 염치가 있고, 예의가 있고, 과하는 일이 없도록 주의해야 한다.

어떤 사람은 수다 떨기 위해 이웃집에 놀러 가면 일어날 줄을 모른다. 한번 전화를 하면 용건만 간단히 말하지 않고 너무도 길게 붙잡고 늘어진다. 하루의 계획과 해야 할 일들이 많이 있는데 해가 지도록 일어날 줄 모르는 사귐은 오히려 부담으로 다가온다. 그러므로 사람과의 만남은 언제나 적당한 시간을 소비하라. 항상 절제라는 시계 단추를 눌러놓고 끊고 일어나고 중단할 줄 알아야 한다. 절제가 없으면 나 자신이 모임 속에서 귀찮은 존재로 전락되기 쉽다.

10. 의지하라 (행 9:31)

하나님의 사역은 내 힘으로만 되지 않는다. 속회 모임뿐 아니라 한 사람을 변화시키는 일도 내 뜻대로 되지 않는다. 힘으로도 안 되고 능으로도 안 된다. 그러나 오직 주의 신으로 된다(스 4:6). 즉, 성령의 권능으로만 사역의 열매를 맺을 수 있다. 속장은 그 무엇보다도 성령의 도우심을 구하며 성령을 의지해야 한다. 성령의 힘으로 하면 작은 일을 뛰어넘어 큰일까지도 잘 해낼 수 있다.

고린도전서 12장 3절을 보면 "또 성령으로 아니하고는 누구든지 예수를 주시라 할 수 없느니라."고 하였다. 예수를 주님이라고 고백하는 일도 성령의 사역이다. 우리가 제자 삼는 속회의 목적과 기능을 다 하려면 성령님을 의지하는 것이 가장 중요한 기본 중의 기본이다. 예배, 기도, 말씀 공부, 전도와 사역의 구상에도 성령을 의지하자. 성령을 의지하는 생활은 곧 기도 생활이다. 성령을 얼마나 인정해 드리는가는 기도의 깊이에 달려 있다. 기도로 성령의 도우심을 구하며 의지하며 일하는 자가 속회의 진정한 리더가 될 것이다.

속회 리더들이 알아야 할 10가지 속회 부흥 지침 요약

① 관리하려고 하지 말고 돌보라.
② 가르치려고만 하지 말고 삶을 함께 나누라.
③ 주장하는 자세로 군림하지 말고 겸손히 섬기라.
④ 말을 많이 하는 자가 되지 말고 다른 사람의 말을 들으라.
⑤ 마음을 닫아두지 말고 밝게 활짝 열어라.
⑥ 정죄하지 말고 덮고 수용하라.
⑦ 한 영혼, 한 사람을 포기하지 말고 기다려주라.
⑧ 내 맘대로 하지 말고 삶을 깨끗이 하라.
⑨ 개인적인 사귐은 넘치지 않게 절제하라.
⑩ 내 힘을 의지하지 말고 성령을 의지하라.

변화와 성장을 경험하지 못하는 속회는 주로 속회 리더가 하지 말아야 할 쪽의 일을 계속하고 있다. 반면 변화와 성장을 경험하며 건강하게 움직이는 속회는 주로 속회 리더들이 해야 할 쪽의 모습으로 일을 계속하고 있다.

속회가 침체되고 있다면 속회원들의 미숙한 신앙, 부족한 배려심 탓이라고 말하기 전에 속회 리더가 자기 자신을 돌아보아야 한다. 나는 왜 주어진 속회원들마저 잃어버리고 흩어지는 결과를 가져오는가? 눈물과 땀을 흘리되, 나의 리더십이 속회 부흥 지침에서 멀리 떨어져 있기 때문은 아닌지 질문하라. 그리고 용기를 내어 고치려고 하라.

목자의 도구

윌리암 스틸(William Still)의 책『목자의 길』을 보면 목사가 누구인가라는 정의가 나온다. 목사는 말 그대로 목자이다. 양 무리를 푸른 초장으로 이끌어 그들을 먹이는 것이 목자의 본업이다. 목사 중에는 이런 목적을 망각하고 잡상인처럼 목회하다 사람을 불러 모으지 못하면 미련 없이 다른 곳으로 떠나는 이들도 있다고 한다. 삯꾼인 것이다(요 10:13).

선한 목자가 되기 위해서 목자가 반드시 해야 할 일이 있다. 그 일들을 이해하는데 도움이 되는 것이 목자가 가지고 다니는 도구들이다. 양을 푸른 초장, 쉴 만한 물가로 인도해 가기 위한 도구는 양의 안전을 위해서 꼭 지참하는 도구들이다. 그 도구를 살펴보면 목자가 해야 할 일이 분명해진다.

목자가 지니고 다니는 도구는 모두 다 양을 치고 먹이기 위해서 필요한 도구들이다. 지팡이와 막대기, 기름병, 물매 돌, 피리, 배낭 등도 빼놓을 수 없는 필수품이다.

1. 지팡이

지팡이는 올리브 나무 뿌리에서 나온 가지로 만든다. 한쪽 끝이 갈고리 모양으로 구부러져 있으며 가늘고 길다. 이 지팡이는 위험한 곳으로 가는 양들을 안전한 곳으로 옮길 때 사용한다. 지팡이는 목자의 신분을 드러낸다. 지팡이를 들고 다니는 다른 직업인을 찾기 어렵다. 지팡이는 목자 자신에게 안위가 된다. 광야에서, 고산지에서 양을 지루하게 파수하는 동안 목자는 지팡이를 의지하고 힘을 얻는다. 모세도 지팡이를 들고 장인 이드로의 양을 쳤다. 지팡이로 목양할 때 활용 영역은 세 가지이다.

① 지팡이는 양들을 친밀한 관계로 끌어 모으는 일을 한다. 갓 태어난 새끼가 따로 떨어져 있을 경우 지팡이를 사용하여 어미 곁으로 옮겨 놓는다. 목자의 손 냄새가 묻어 어미 양이 새끼를 거부하게 되는 것 때문에 지팡이를 사용한다. 또 양들을 검사할 필요가 있을 때 어떤 양이든 끌어당긴다.

② 지팡이는 양들이 위험한 길로 가거나 진로를 벗어나지 못하도록 하는데 사용된다. 목자는 양의 옆구리에 지팡이를 가만히 대고 압력을 가해 원하는 방향으로 인도한다.

③ 지팡이는 물에 빠지거나 낭떠러지로 떨어지는 양을 건져내는 도구로 사용된다. 양들은 풀 한포기라도 더 먹으려고 벼랑 위로 올라서다가 실족하여 떨어지거나 벼랑에서 오도 가도 못하곤 한다. 또 가시덤불에 갇힌 양을 끌어낼 때도 지팡이를 사용한다.

- 선한 목자 되신 예수님께서 성도들을 지팡이로 인도하신다는 것은 성령의 위로와 인도하심을 뜻한다. 성령의 터치로 육체의 길로 빠져 들어가는 성도, 사망의 구렁텅이로 떨어진 성도들을 올바른 생명의 길로 인도하신다.

2. 막대기

막대기는 올리브 나무의 줄기에서 나온 가지로 만든다. 한쪽 끝이 뭉툭하며 두껍고 무겁다. 투봉으로 불리기도 하는데 매우 딱딱하며 쇠보다 단단하다. 막대기는 허리춤에 차고 다니면서 갑자기 나타난 맹수를 물리치는데 사용한다. 또 막대기를 던져 다른 방향으로 가는 양들을 똑바로 가도록 인도한다. 막대기를 제대로 사용하기 위해 목자는 많은 시간을 들여 훈련을 해야 된다. 막대기로 목표물을 맞추는 연습을 통해 자신을 지킨다. 막대기는 양을 돌보는 목자의 힘과 능력을 나타내는 상징이다.

① 막대기는 목자의 능력과 권세로 양떼를 관리하는 무기다.
② 막대기는 양떼를 징계할 때 사용한다. 무리를 이탈하거나 독초에 접근하거나 위험에 처하는 양을 볼 때 가차 없이 양을 쳐서 인도한다.
③ 막대기는 양을 살피고 수를 세기 위해서 사용한다. 막대기 아래로 지나간 양은 헤아림을 받는 것이다. 양은 긴 털이 있어 몸에 난 상처나 결함을 알기 어렵다. 그래서 막대기로 양털을 이리저리 제쳐서 피부상태, 청결여부, 체격형태를 검사한다. 검사 받는 것이 건강의 지름길이다. 성경에서 양털은 자기의지, 자기주장, 교만을 뜻한다. 막대기가 그것을 헤치고 깊이 역사하심으로 그릇된 것을 드러내고 바로 잡는다.
④ 막대기는 위험에 처했을 때 보호하는 도구다. 위험 앞에 목자는 막대기를 든다. 짐승을 쫓아내고 뱀을 물리치기 위해 사용된다. 나무숲이나 넝쿨을 두들기는 데에도 사용된다. 성경에 "소 모는 막대기로 블레셋 사람 육백 명을 죽였고 그도 이스라엘을 구원하였더라(삿 3:31)."라는 이야기가 나온다. 소 모는 막대기(말마드 하바카르)란 글자 그대로 '목자의 도구'다. 그것으로 농사꾼이 블레셋 육백 명을 쳐부쉈다는 것은 막대기의 사용처를 상상하게 해준다. 전쟁의 무기 이상으로 쓰인 것이다. 물론 하나님이 역사한 일이지만 이처럼 막대기는 특별한 것이다.

• 막대기는 하나님의 말씀을 상징한다. 깨우치는 능력과 불가항력적인 영향력을 지닌 하나님의 권위다. 막대기가 양을 지키듯 말씀이 우리를 지킨다. 말씀은 혼돈을 피하게 하며 쳐서 두드리고 부서뜨리는 불방망이다. 말씀은 생명과 사망의 길이 어딘지 알게 한다. 선한 목자가 되려면 말씀 준비를 잘하여 적재적소, 여건에 맞게 적용하여 막대기의 위력을 나타내야 한다.

3. 물매

물매는 넓은 가죽의 양 끝에 끈이 달려 있어 돌을 던질 때 사용되었다. 목자들이 짐승을 쫓는데 사용되는 무기였다. 열왕기하 3장 25절과 역대상 12장 2절을 보면 군인들의 무기로도 사용되었음을 알 수 있다. 다윗은 목자 시절부터 물매를 던지는 연습을 잘 하여 물매로 골리앗을 물리쳤다(삼상 17:40-50). 다윗은 목자로서 물매를 가지고 광야의 무료함을 이겨낸 것 같다. 척박한 광야의 환경을 원망하고 산다면 광야는 더욱 무료할 것이다. 그러나 다윗은 창조적인 놀이를 했다. 물맷돌 실력은 저절로 늘었고 덕분에 다른 길로 빠져나가는 염소와 양을 다루는 일에 용이해졌다. 광야의 환경에서 최선을 다해 물맷돌을 던졌더니 골리앗을 무너뜨리는 사건, 즉 인생 역전을 하게 되었다.

- 늘 연습해야 되는 물매는 항상 멈추지 말아야 하는 목자의 기도다. 기도가 쉬지 않아야 응답의 표적을 맞춘다. 기도에 힘쓰지 않으면 무능해진다. 기도가 있을 때 유능해진다. 이엠 바운즈(E.M.Bonds)는 "성서의 위대한 지도자들은 기도했기에 위대했다."라고 말했다. 성서의 위대한 인물들은 지식이 뛰어나서, 혹은 고갈되지 않는 재치가 있었서 지도자가 된 것이 아니었다. 기도의 능력으로 하나님의 능력을 실행할 수 있었기에 지도자된 것이다.

4. 기름

기름은 포도주와 함께 팔레스타인의 주요 농산물이다. 성경에서 나오는 기름은 주로 올리브기름이다. 올리브기름은 열매를 모아서 찧거나 밟아서 만든다. 기름의 용도는 다음과 같다.

① 사람을 세울 때 그 사람의 머리에 붓는다.
② 식용으로 사용한다.
③ 조명을 위해 사용한다.
④ 의학용으로 사용한다.
⑤ 화장용으로 사용한다.
⑥ 비누재료의 원료로 사용한다.
⑦ 양을 돌보는 일에 기름을 사용한다.

양들이 푸른 초장에서 꼴을 먹을 때, 해충들의 공격에 주의해야 한다. 특히 코파리를 조심해야 한다. 이 작은 파리들은 양의 코에 덮인 촉촉하고 끈끈한 점막에 알을 낳으려고 양의 얼굴을 맴돈다. 코파리가 알 낳기에 성공하면 알은 부화되어 가느다란 벌레가 되고, 유충들은 콧구멍을 통해 양의 머릿속으로 들어간다. 양은 고통을 벗어나려고 머리를 나무나 바위, 혹은 잡목에 사정없이 부딪힌다. 심하게 감염되면 미친 듯이 날뛰다가 죽기도 한다. 그래서 목자들은 파리철의 어려움을 대비해 올리브기름에 유향과 살충 효과가 있는 향료를 섞어 양의 머리에 발라준다. 기름을 바르면 파리 떼들이 덤벼들지 않아 양들은 평온을 찾는다.

- 기름부으심은 특별한 일이다. 성령의 충만함을 가리켜 기름부으심이라고 말한다. 기름부으심을 받은 자는 원수가 강탈치 못한다. 악한 자를 막아주신다. 그의 팔로 힘이 있게 하셔서 구별하시고 뿔이 높아지게 하신다(시 89:19-24).

5. 배낭

양들을 먼 곳에 떨어진 푸른 초장으로 이끌고 가는 목자는 배낭을 짊어지게 된다. 배낭 안에는 필수적으로 소금을 담아간다. 목자는 소금을 양들이 풀을 뜯는 곳곳에 뿌려 놓아서 양들이 먹도록 한다. 양에겐 맑은 물도 필요하지만 소금과 같은 광물질도 필요하다. 배낭에는 여러 가지 필수품을 담을 수 있다. 배낭은 이동하는 사람들에게 생존의 도구일 수 있다. 자신을 위한 도구인 것이다. 그러나 소금을 챙긴 배낭은 양을 향한 목자의 관심이다.

- 소금을 담은 배낭은 목자의 따뜻한 마음이다. 양들에게 필요한 것을 담는 배낭은 많은 양떼에 대해 쏟는 목자의 관심만큼 채워진다. 배낭 속에 소금을 챙겨 넣는 것은 세밀한 관심에서 비롯된다. 배낭은 모든 것을 담는 마음의 그릇이다. 넓은 마음, 사랑과 화평의 마음과 아량이 있을 때 배낭은 목자와 양 모두에게 유익한 그릇이 된다.

6. 피리

양은 소심하고 시력이 나쁘다. 조금만 멀리 떨어져 있어도 보지 못한다. 게다가 새로운 목초지로 이동할 때 앞의 양만 따라 가는 특이한 습성이 있다. 앞서 가는 양이 몸을 흔들면 뒤따라가는 양도 몸을 흔든다. 양은 어떤 짐승들보다도 겁이 많고 쉽게 두려움에 빠진다. 이러한 양의 특성들은 목자의 보호 없이는 광야에서 생존하기 어렵게 만든다. 그래서 목자의 위치가 양들에게 중요하다. 양들은 짐승의 공격을 받을 때 뿐만 아니라 아무 것도 아닌 일에도 공황 상태에 빠지게 된다. 바로 그 때 양은 목자를 바라본다. 자기를 돌봐주고 지킬 수 있는 목자가 가까이 있다면 두려움을 이긴다. 목자가 확인되기만 하면 안심하고 평상시의 상태로 돌아간다. 그래서 목자는 먼 곳에서 양과 떨어져 있더라도 자기 위치를 알려 준다. 양들과 함께 있다는 신호를 보내게 된다. 그것이 피리다. '삑삑' 부는 피리 소리는 목자가 양들과 함께 하고 있다는 최선의 신호음이다. 피리는 대부분 초장에서 풀을 꺾어 만든다. 이 도구는 대부분 현장에서 수급하는 것이다. 목자가 양에 대한 생리를 이해하기만 한다면 대응하고 준비할 수 있는 도구가 바로 피리인 것이다.

- 피리란 위기를 만난 회중들에 대한 임기응변식 대응 기술이다. 목회자에게는 환경과 여건에 맞게 위기를 진정시키고 일상의 상태로 돌아가게 만드는 소통의 기술이 있어야 한다. 필요할 때마다 입에다 대고 불기만 하면 되는 피리! 간단한 상담만으로도 성도를 진정시킬 수 있다. 하지만 위기를 만난 양에게 무관심한 목회는 소 잃고 외양간을 고치는 목회가 되고 말 것이다.

목자의 일

목자가 양을 위해 하는 일을 잘 나타낸 노래가 시편 23편이다. 목자의 역할은 양을 인도하는 것이다. 푸른 초장에 누이고 물가로 이끌어 물을 마시도록 양을 모는 것이다. 그래서 양이 만족하도록 쉼과 배부름이 있게 한다. 양의 목자는 말을 타고 채찍을 휘두르면서 카우보이처럼 양을 몰지 않는다. 목자가 가는 길을 양이 뒤따라오는 보여주기식 인도다. "내가 목자되신 목자의 집 우리에 영원히 거하리로다(시 23:6)"라고 노래하도록 일한다.

1. 푸른 풀밭 제공하기

목자의 일은 푸른 풀밭을 찾아나서는 것이다. 양은 뿌리에 손상이 가도록 풀을 뜯는다. 양이 뿌리 부분까지 다 먹게 되면 새 풀이 돋아나기 어렵다. 그러므로 목자는 양들이 풀을 적당히 뜯게하고 또 다른 곳으로 양을 옮겨가야 한다. 그러면 초장이 황무해지지 않아 계속해서 새 풀을 제공할 수 있다. 순간의 배부름을 느끼게 하는 것이 아니라 지속적으로 먹을 수 있도록 해주는 것이다. 이를 위해 염소를 같이 놓아기르기도 한다. 염소는 못 먹는 것이 없다. 나무껍질, 가시나무 등 무엇이든지 먹는다. 그러나 염소는 양과 다르게 지상에 올라온 풀을 적당히 뜯어 먹는다. 초장을 잘 지키기 위해서 염소의 본보기가 양에게 필요하다. 양에게 늘 인도가 필요한 이유는 푸른 초장을 유지하면서 푸른 풀밭을 제공하기 위해서다.

- 목회는 신성한 꼴을 제공하는 일이다. 설교, 심방, 성경공부를 통해 제공하는 사역이다. (욥 23:12, 고전 3:2, 히 5:12-13, 신 8:3, 사 55:2, 고전 3:2)

2. 독초 제거하기

양들은 풀들 사이에 자라나고 있는 독초를 구별하지 않는다. 선한 목자는 양들을 위해 독초를 먼저 제거한다. 가령 백합과의 식물 캐머스는 꽃이 만발하는 철에는 매우 아름답게 핀다. 그러나 이 꽃의 풀은 입에 넣고 씹기만 해도 독성에 의해 사지가 굳어 죽어버린다. 이런 독초들을 주의 깊게 살펴 제거해야 진정으로 양을 푸른 풀밭에 누이게 하는 길이다.

- 책이라고 하여 모두 마음의 양식이 되는 것은 아니다. 사상을 병들게 하고 삶의 태도를 무너뜨리는 독초 같은 서적이 있다. 설교도 마찬가지다. 받아먹는다고 다 꼴이 아니다. 목회는 분별해 주는 일이다. (딤후 2:15-18, 4:3-4, 딤전 1:19-20, 4:7, 6:20-21)

3. 약탈자 감시하기

목초지에는 언제나 이리, 승냥이, 사자, 곰의 습격이 있다. 문제는 굶주린 짐승들은 기습적으로 나타난다는 것이다. 양들은 놀라서 흩어지게 되고, 외톨이가 되어버린 양은 약탈자의 발톱에 찍혀 희생을 당한다. 양을 보호하는 방법은 목자의 빈틈없는 감시뿐이다.

- 목회는 목회자의 깨어있음이 중요하다. 시대를 읽고 때를 읽어야 한다. 목회란 우는 사자같이 으르렁거리는 사단으로부터 교회를 지키고 성도를 지키는 일이다. (벧전 5:8, 요 10:10, 아 2:15)

4. 물 마시는 곳 준비하기

목자는 양들을 위한 샘을 직접 준비한다. 쌓인 나뭇잎과 흙, 돌멩이들을 치워서 깨끗하게 만들고, 둑이 무너져 있으면 다시 수리한다. 물을 확보하는 것은 양떼의 크기만큼 중요하다. 양떼가 적으면 샘이 작아도 된다. 그러므로 샘의 확보는 부의 크기와 같은 말이 된다.

- 목회는 언제나 샘을 확보하는 땀 흘림, 허리를 굽혀 일하는 노력이 요구된다. 노력 없는 목회, 인내 없는 목회, 안일에 빠진 목회는 땅에 묻어야 한다. 눈물, 땀, 피가 쏟아져야 한다. 그것이 목회를 세우는 길이다. (창 26:12-25, 31:38-42, 고후 11:1-2, 23-28)

5. 어려운 장소로 지나가기

목자가 양을 인도할 때 항상 좋은 길만 나오는 것은 아니다. 깊은 협곡, 험한 길로 지나가야 할 때가 있다. 위험하지만 협곡을 지나야 마음껏 마실 수 있는 샘을 얻을 수 있다. 그리고 정상으로 올라가기에 가장 좋은 길은 골짜기를 따라 있다. 협곡은 일찍 어두워진다. 푸른 초장과 전혀 다른 사망의 음침한 골짜기이지만 거기에 목자가 서 있다. 때로는 넘쳐흐르는 강물, 굴러 떨어지는 바윗돌, 습격해 오는 짐승들, 무서운 바람들이 나타난다. 그러나 목자가 지팡이와 막대기로 자상하게 인도하기에 두려울 것이 없이 양들은 고원 목장으로 나아간다.

- 목회는 지팡이 같은 성령, 막대기 같은 말씀을 붙들고 가는 것이다. 푸른 초장의 자리든 음부의 골짜기든 담대하게 나아가는 것이다. 어떤 일과 직면하더라도 오직 말씀, 오직 성령을 의지하여 가는 것이다. (출 40:36-38)

6. 의의 길로 인도하기

의의 길은 'Path of Righteousness(정의의 길)'가 아닌 'Right Path(옳은 길)'이다. 양은 자기가 다니는 길로만 다니는 습성이 있다. 익숙한 장소에서 머무르려고 한다. 초장에 풀이 없어 다른 곳으로 가려할 때 양들은 반항한다. 목자는 여러 길 속에서 옳은 길을 찾으며 가야할 길을 알고 있는 자여야 한다. 양떼를 목초지로 이동시키는 옳은 길! 양들이 옳은 길로 가지 않고 아무렇게나 자기 맘대로 간다면 어떻게 될까? 제 길로 가면 비참하게 된다. 옳은 길 같아도 사망의 길이 된다(잠 14:12, 16:25). 양은 그 길을 아는 목자를 따르는 것이 옳다.

- 목회는 따라오지 않는 회중을 옳은 길로 이끄는 인도의 작업이다. 사망의 길로 가지 않도록 이끄는 눈물어린 사역이다. 60만 명을 이끈 모세는 이스라엘의 목자였다. (민 11:1-23, 14:1-5)

7. 엎어진 양 살려내기

가끔 양이 쓰러져 등이 땅에 닿고 네 발이 허공으로 들려 버둥거릴 때가 있다. 양은 도움을 바라며 "매에"하고 우는 것 밖에 하지 못한다. 뒤집혀진 양은 목자가 빨리 일으켜 세워야 한다. 왜냐하면 뒤집혀진 양은 맹수의 먹잇감이 되기 때문이다. 또 양이 뒤집히면 소화기관에 가스가 차고 혈액 순환이 안 되어 무더운 날에는 금방 사망에 이르게 된다. 그러므로 목자는 이런 양을 찾아내고 일으켜 세우는 일에 전심을 다해야 한다. 일으켜 세우는데도 기술이 필요하다. 어떤 양은 굴려서 일으키면 되고, 어떤 양은 몸통을 들어서 일으켜야 하고, 사지를 계속 주물러 주는 일도 해야 한다. 참고로 양이 넘어지는 이유는 세 가지가 있다.

① 우묵하고 평안한 곳을 찾아다니는 안일함을 구하다가 뒤집힌다.
② 털이 너무 길고 무거워서 넘어져 뒤집힌다.
③ 양이 너무 살이 찌므로 무게 중심을 잡기 어려워서 뒤집힌다.

- 목회는 양에 대한 사랑이다. 긍휼히 여기는 공감의 마음이다. 한 마리에 관심을 쏟아 붓는 생명 사랑이다. 낙심한 자를 일으키는 세움의 사역이다. (마 18:12-14, 시 23:3, 막 6:34)

8. 싸우는 양 관리하기

가을은 암양이 발정을 하는 시기요, 숫양들끼리는 암양을 차지하려는 싸우는 시기다. 밤낮으로 머리를 치켜들고 부딪치며 싸운다. 이렇게 싸우다 중상을 입거나 심하면 죽기까지 한다. 그래서 이때쯤 목자는 기름을 가져다가 숫양들의 머리에 바른다. 그렇게 하면 서로 머리를 부딪다가 머리에 바른 기름 때문에 우스꽝스럽게 빗나간다. 열기와 싸움의 긴장은 해소되고, 부상을 입는 양이 없게 된다. 목자는 싸우는 양을 방치하면 안 된다. 양 같은 성도들은 성령의 기름 부으심이 있어야만 싸움을 멈추게 된다는 것을 비유로 배우게 된다.

- 목회는 내 재주로만 되지 않는다. 성령의 기름부으심이 주어져야 회중들은 싸우지 않는다. 목회는 성령 사역이다. "오직 주의 신으로 되느니라." (슥 4:6)

9. 털 깎기

양털은 부드럽고 가볍다. 보온 효과가 있어 양모는 여러 가지 용도로 사용된다. 그러나 양털에는 배설물과 진흙, 가시덤불, 나뭇가지, 진드기 등과 같은 온갖 지저분한 것들이 들러붙는다. 이런 것을 예방하기 위해서 목자는 양털을 깎아주어야 한다. 중동에서는 양털을 깎는 초여름이 되면 잔치를 열기도 한다. 양은 무겁게 자라난 털을 깎으면서 시원하고 가벼워진 즐거움을 누린다. 그리고 털로 인해 가시나무 등에 걸리는 불편함을 피할 수도 있다.

- 목회는 자기 자랑, 자기 고집을 자라지 않게 하는데 있다. 자기 의지와 신념 때문에 불행해진다. 그것을 따사로운 손으로 만지며 자르는 수고가 목회다. (마 16:24, 갈 2:20, 5:16-24)

10. 양의 수 늘리기

삯꾼 목자는 양을 인도할 때 10~20%정도의 감소를 당연한 것으로 여긴다. 또 양을 맡긴 주인도 그 정도의 수를 수용한다. 하지만 선한 목자는 양을 잉태시켜야 한다. 출산을 통해 양떼의 수를 늘려야 한다.

- 목회는 새로운 하나님의 백성을 거듭나게 하는 일이다. 수가 늘어나게 하는 번성의 복이 일어나야 한다. 양은 수태한 지 5개월 만에 한두 마리의 새끼를 낳는다. 건강한 양을 낳게 하는 것은 목자의 돌봄에 달려있다. (창 30:37-43, 고전 9:19-23)

11. 양의 젖, 염소의 젖 짜기

양젖과 염소젖으로 만들어 낸 혼유 치즈는 색이 황갈색이다. 이 치즈의 맛은 매우 독특하다. 단맛이 나면서 고소하다. 젖을 짜는 것은 양이 새끼를 출산했다는 것이며, 양젖과 염소젖은 아주 유용한 식품으로 사용된다.

- 목회는 드림과 섬김을 통해 건강을 유지하고 양을 유익하게 하는 일이다. 고여 있는 것은 질병을 가져온다. 귀중한 것을 나누고 배출하는 것은 모두를 행복하게 만든다. (눅 6:38, 행 20:35)

12. 탈진한 양의 기력 회복시키기

양들은 더위에 무척 약하다. 그래서 뜨거운 햇볕에 피식피식 쓰러진다. 목자는 그 때마다 양들을 살려내야 한다. 선한 목자는 자신만 그늘에 머물며 잠을 자고 있을 수 없다.

① 쓰러진 양을 안고 그늘로 데려간다.
② 그늘이 없으면 목자는 자신의 겉옷을 벗어 허리에 차고 있는 막대기를 지주 삼아 겉옷을 펼쳐 그늘을 만든다.
③ 목자의 물통에서 물을 꺼내 양에게 먹인다.

④ 목덜미에서 시작해 전신 마사지를 해준다.

- 목회는 수고하며 희생하는 일이다. 한 마리 양이 때로는 우리에 있는 아흔아홉 마리보다 중하다는 마음으로 일하는 것이다(마 18:12-13). 목회는 계산을 초월하는 사역이다.

13. 상(床) 베풀기

고원의 목양지를 스페인어로 메사(mesa)라고 부른다. 메사를 영어로 하면 테이블이 된다. 테이블(Table)은 '상'의 뜻을 지닌다. 다시 말해 상이란 고지의 여름 목장이다. 목자는 양을 위해 목초지를 미리 점검하고 답사하며 최선의 휴식처가 되도록 상을 차리는 것이다.

머리를 맞대고 모여 있는 양들의 습성상 힘으로 밀려난 약한 양들은 좋은 꼴을 얻기가 어렵다. 이때 목자는 막대기와 지팡이를 가지고 약한 양을 위한 구역을 제공한다. 그 특별구역은 약한 양들이 힘을 얻도록 돌보며 키워주는 장소다. 그것이 상이다.

- 목회는 약한 자에게 관심을 갖고 필요시 대응하는 일이다. 소외된 자, 눌린 자, 가난한 자에게 더욱 상이 제공되어야 한다. (마 9:35-36)

14. 잔 채우기

잔에는 축복과 고난의 의미가 있다. 축복의 의미로 잔은 채운다는 것은 우리로 돌아온 양들에게 마실 수 있는 물을 풍성히 부어주는 것을 말한다. 한나절이나 내리쬐는 햇빛에 말라있던 물그릇에는 물을 넘치도록 채워야만 그릇이 식는다. 흘러넘치는 물에 의해 그릇은 식고 시원한 생수가 넘치도록 공급된다. 또 고난의 의미의 잔도 있다. 양이 목자를 따라 오다가 갑작스런 기상이변으로 몸이 얼었을 때 양은 고통 속에서 생명의 위기를 겪는다. 그때 목자는 잔을 채운다. 포도주나 브랜디를 섞은 잔을 양에게 가져다준다. 그 잔에 담긴 것을 마실 때 양은 살아나게 된다.

- 목회는 축복을 선포하고, 고난을 통해 다가오는 또 다른 축복을 발견하게 해주는 일이다. 목회의 강단은 어떤 경우에서라도 넘치는 잔을 부어주는 일이다. (히 13:12-13)

15. 토양 관리하기

비록 양이 풀을 뜯지만 목자의 적절한 인도가 있다면 오히려 토양을 지켜주고 보존 관리하게 된다. 장기적인 면에서 토양 관리는 중요한 목자의 관심사여야 한다. 훌륭한 목자란 효율적으로 양들을 새롭고 신선한 목초지로 이동시킬 책임을 얼마나 다 하느냐에 달려있다.

- 목회는 어제의 일을 오늘에 되풀이 하는 것이 아니다. 항상 새로운 목표와 비전을 제공하며 앞으로 나아가게 하는 것이다. (마 13:8)

16. 양의 문 되기

문이라는 것은 양을 위해 어떤 희생을 해서라도 양을 지킨다는 뜻이다. 유대인들에게는 세 종류의 양우리가 있다.

① 마을에 있는 공동 우리다. 양떼가 보호를 받으며 그 우리의 열쇠는 목자에게 있다.
② 노천 우리다. 임시 산허리에 마련된 문 없는 우리로서 목자가 그 문이 있어야 할 자리에 누워 문의 역할을 하며 양을 지킨다.
③ 문이 없는 우리다. 양떼를 C자형으로 또는 U자형으로 모아놓고 목자가 그 중앙에서 양을 지키는 문의 역할을 한다.

목자는 양을 지키려고 목숨을 내놓는다. 양을 지키기 위해 목자는 추위와 더위와 싸우며 희생하는 것이다.

- 목회는 전쟁을 치르는 자리다. 목숨을 담보로 한다. 겉으로는 평화로우나 영적 전쟁에서 이겨야 하는 자리다. 자신을 걸지 않고는 목회가 되기 어렵다. (마 10:39, 요 10:7-9)

17. 양과 염소로 특공대 만들기

양과 염소가 특공대로 훈련되어 세워지면 목자는 또 다른 일을 할 수 있다. 목회에 부름 받은 목사는 양과 염소를 훈련시켜 일을 맡겨야 한다. 양은 훈련이 되지 않으면 수동적으로 따라가기만 한다. 그러나 준비되고 훈련되면 앞장서서 간다. 목자의 할 일을 대신하며 험한 길, 위험한 길을 이끌고 간다.

- 목회는 평신도 세우기이다. 많은 사역에 전념하려면 평신도를 깨워 평신도가 사역하도록 하라. 그것은 저절로 되는 것이 아니라 훈련으로 가능하다. (딤후 2:3-4, 벧전 2:9-19)

평신도의 사역터 속회 성장부

속회 중심의 목회를 위해서 가장 중요한 일은 첫째로 속장을 세우는 일이다. 속장이 어떤 사람이냐는 정말로 중요하다. 속회원들을 돌보고 세워서 전도하게 하고 사랑의 공동체를 이루는 가운데 성화의 삶을 살게 하기 때문이다. 세워진 속장이 자신의 역할에 성실하고 항상 깨어 있는 것이 중요하다.

둘째로 속장을 지탱하는 속회 성장부가 활성화되어야 한다. 속회 성장부는 속회를 위해 힘을 모으는 평신도 사역처다. 각 속회마다 일어나는 유고자들, 가령 병원에 입원 치료를 받는 자, 까닭 없이 장기 결석을 하는 자, 교회는 나오지만 심방이 필요로 하는 자, 속회에 참여하지 않는 자들을 돌보기 위해 찾아가는 일을 한다.

속장들도 맡겨진 일을 하다보면 힘들고 그만 두고 싶을 때가 있다. 사람이기에 불현듯 다가오는 유혹을 이겨내지 못하고 흔들릴 때도 있다. 그러므로 속장들도 옆에서 지탱해주고 용기를 북돋아 주는 격려자들이 필요하다. 함께 고민을 나누며 짐을 들어주는 사람들이 더욱 있어야 한다.

셋째로 속회 성장부는 그 부서의 역동성을 위해 사역자의 마음을 지닌 사람들로 구성되어야 한다. 사역자의 마음이란 평신도지만 교회의 다양한 사역에서 사역자로 세워짐을 소명으로 받아들인 이들이다. 대부분의 평신도는 교회 사역을 목회자의 일로 생각하고 나의 사역으로 받아들이지 못한다(목사는 사역, 평신도는 구경). 평신도 사역자는 이런 이원적 구분을 거절하고 자신 역시 왕 같은 제사장으로서 사역의 짐을 지고 가야 한다고 확신하는 사람이다. 교회 안에는 이러한 평신도 사역자가 많아져야 하고, 교회는 이런 사람들을 발굴하여 세워야 한다.

교회가 강력한 교회가 되려면 기존의 평신도를 평신도 사역자로 세워 속회 성장부의 일을 맡겨야 한다. 속회 중심의 목회를 위해 일주일에 하루 이상의 시간을 교회에 나아와 헌신할 수 있는 사람들을 지원받는데, 몇 명이 되든지 이들을 팀으로 묶어 속회 성장부 사역을 맡기는 것이다. 기존의 속회 성장부가 사람을 모은다면 더욱 좋고, 더 많은 사람들의 참여를 위해 공개적으로 문을 열어두는 것이다.

교회 사역에서 목사의 사역과 평신도 사역자의 사역은 나름대로의 특징과 효과가 있다. 반드시 목회자의 사역이 평신도 사역자의 사역보다 더 우월하다고 말하기 어렵다. 평신도들에게 성경을 깊이 가르치는 사역에서는 훈련 받은 목회자가 더 효과가 있고, 평신도의 교회 생활을 가르치는 사역은 훈련된 평신도 사역자가 더 효과가 있다.

새가족들이 교회에 적응하기 위해 교회 생활의 안내를 필요로 할 경우 평신도 사역자들이 더 세밀하게 다가갈 수 있다. 헌금을 드리는 문제에 대해, 또는 신앙적 호기심에 대한 질문을 해 올 때에도 평신도 사역자들의 대답이 자연스럽게 효과를 거두는 가르침이 될 수 있다. 금주하는 요령, 금연하는 요령, 기독교를 공경하는 사람들의 행동에 대해 반응하는 요령, 미신과 우상, 제사의 문제, 유혹을 이기는 방법, 직장 생활 속에서 크리스천으로 살아가는 삶의 고민 해결 등도 평신도 사역자가 자연스럽게, 더욱 이해하기 쉽게 부담 없이 접근하고 인도할 수 있다.

그러므로 잠들어 있는 평신도 사역자를 깨워야 한다. 잠든 채로 그냥 두면 역동적인 교회가 될 수 있는 잠재성을 한없이 묶어두는 것이다. 속회 중심의 사역이 본래 평신도를 세우는 사역이듯, 속회 성장부를 위한 평신도 사역자 모집은 더욱 더 평신도를 세우는 사역이다.

이제 교회는 목회자들만이 일하는 곳이라는 편견과 오해를 내려놓자. 중요 안건을 논의하는 것으로 장로의 사명을 다했다고 생각하는 잘못을 내려놓자. 장로라면 누구보다 먼저 심방하고 속회를 지탱하고 교인들의 영적 삶을 격려하는 평신도 사역자의 모델이 되어야 한다. 아니 교회를 구성하는 사도나 목사나 장로나 전도자나 교사나 모두 교회의 지체로서 평신도 사역자로 나서야 한다는 음성에 "아멘"할 수 있어야 한다.

"누가 나를 위하여 갈꼬!"하신 하나님의 음성에 "주여 내가 여기 있사오니 나를 보내소서."라고 답한 이사야처럼 우리는 모두 "내가 여기 있사오니 나를 평신도 사역자로 보내주소서."라고 고백해야 한다. 속회 성장부가 활발해질 때 속장은 제 역할을 할 것이며 속회 중심의 목회는 교회를 건강하게 움직일 것이다.

속회 성장부에 대한 꿈

웨슬리의 소그룹 운동을 다룬 글을 읽다가 속회에 대한 좋은 글이 있어서 요약한다. (이성상, 「웨슬리 소그룹을 통한 스리랑카 가미교회의 선교전략에 관한 연구」)

웨슬리는 속장을 목회적 직무로 보았기 때문에 속장의 선정과 임명을 본인이 직접 하였다. 물론 속장을 임명할 때 많은 이들의 찬성과 열심이 있는 신앙생활을 고려했다. 그리고 적극적인 선행을 실천하는 자로서 다른 이들을 영적으로 지도할 수 있는지를 시험한 후에 세웠다.

웨슬리는 속장의 직분을 다양하게 표현하였다. 부목회자(Sub-Pastor), 위임받지 않은 교역자(Non-Commissioned Officer), 영적 경찰관(Spiritual Police)이다. 얼마나 흥미로운 이름들인가? 속장에겐 목회적, 행정적 자질이 요청되었고, 속회원의 영적 상태를 파악하고 지도하는데 따르는 인내와 용기, 온유함이 있어야 했다.

속장은 속장의 일을 감당한 후에 설교자로 발전하기도 했다. 웨슬리 목사는 일찍이 평신도 사역을 인정한 것이다. 그러니까 종교 개혁의 원리였던 만인 제사장직에 가장 충실한 사람인 것이다.

웨슬리의 평신도 사역의 대표적 인물은 맥스필드(Thomas Maxfield)였다. 처음은 그의 설교를 금지시켰으나 어머니의 충고를 받아들여 그의 사역을 인정하게 되었다. 웨슬리와 함께 한 평신도 지도자들로 캐닉(John Cennick), 넬슨

(John Nelson), 험프리스(Joshep Humphreys)가 있다. 특별히 여성으로는 보상켓(Marry Bosanquet), 크로스비(Sara Crosby), 릿취(Elizabeth Riechie), 플레처(Marry Flecther), 맥스웰(Lady Maxwell) 등이 있다.

물론 당시 웨슬리의 평신도 활용에 대해 경멸과 냉소를 보내는 이들이 많았다. "무식한 계층의 사람들에게 목회 기능을 파는 체계"라고 말했다. 그러나 웨슬리는 이런 장벽을 뛰어넘어 남성만이 아닌 여성까지도 평신도 지도자로 세워서 사역하게 하였다. 처음에는 평신도 보조자(lay-assistants)로 불리다가 후에 평신도 협력자(lay-helper)로 불리고, 다시 평신도 설교자(lay-preacher)로 불렸다. 그리고 그들은 지방 설교자(local preacher)가 되었고 순회 설교자(circuit preacher)가 되어 일하였다.

평신도들이 사역자가 되고, 안수를 받지 않은 목회자가 되어 일한 것이다. 그것이 감리교회의 밑바닥을 일군 힘이다. 물론 웨슬리는 선발된 이들을 지속적으로 철저하게 훈련하였다. 하루에 5시간씩 책을 읽고 연구에 힘쓰도록 하였다. 때론 설교 비평도 해주었다. 그리고 평신도 설교자를 매년 사역지를 바꾸어주며 순회하게 해주었다. 평신도의 활용, 즉 평신도가 있었기에 웨슬리의 소그룹 속회가 살고 교회가 새로워졌던 것이다.

도서출판 감신에서 1998년에 발간한 『감리교회 형성사』는 만약 안수 받은 성직자들에게만 사역이 맡겨졌다면 감리교 운동은 멈춰졌을 것이라고 말한다. 따라서 평신도의 활성화는 이 시대의 큰 과제 중 하나다.

웨슬리의 조력자들은 평신도일수도, 혹은 성직자일수도 있었다. 그렇기 때문에 조력자들에겐 규제와 훈련이 필요했다. 아래에 조력자의 12가지 규칙을 소개한다(Twelves Rules of a Helper). 이는 초기 감리교도의 설교가 어떠한 성격이었는지를 알려주며 또한 사역을 담당하는 오늘의 평신도들에게 필요한 새로운 자세를 암시해준다.

협조자의 규율

1. 근면하라 – 절대 한 순간도 허비하지 말고 사소한 일에 관여하지 말라.
2. 진지하라 – 주님을 향한 경건을 좌우명으로 삼으라.
3. 여자를 가까이 하지 말라 – 사랑할 수 있는만큼 사랑하라.
4. 누구도 악한 사람이라고 생각지 말라 – 만일 네가 악한 사람이 있다고 믿는다면 과연 그런지 주의 깊게 살펴보라.
5. 누구에게도 악한 말을 하지 말라
6. 누구든지 잘못이 있다고 생각되면 쉽게, 그리고 가능한 한 빠른 시간 내에 그에게 말하라 –그렇지 않으면 그것이 네 마음속에 부패한 상처가 되리라.
7. 점잖은 체 행동하지 말라 – 그대는 모든 이의 종이다.
8. 죄 외에 부끄러워하지 말라 – 네 자신이나 이웃의 구두를 닦지 못했다고 부끄러워 말라.
9. 남들로부터 어떠한 돈도 받지 말라 – 그대가 음식과 옷이 필요할 때 그것을 받는 것은 무방하다. 그러나 금과 은은 아니다.
10. 나의 허락 없이는 빚 계약을 하지 말라
11. 시간을 엄수하라 – 우리의 규칙을 고치려 하지 말고 이행하는데 주력하라.
12. 매사에 네 자신의 의지에 따라 행동하지 말고 복음의 아들로서 행동하라
    – 그러기 위해서 여러 집들을 심방하고, 때론 우리가 지시한 성경읽기, 기도, 묵상을 따르는 것이다.

「1744년 6월 29일, 최초의 연회 기록들」 중에서

우리 교회의 속장들이여, 평신도 조력자로서 이 규칙을 읽으며 사역자의 마음을 가지고 성장하자. 복음의 아들로서 행동할 다짐을 하자. 나도 웨슬리처럼 꿈을 꾼다. 평신도가 모두 내 목회 현장의 조력자(lay-helper)가 되기를 기대한다. 이것이 속회 성장부가 반드시 필요한 이유이다.

소그룹을 통한 평신도 목회

서론

목회는 무엇인가? 목회는 막연히 "꽃길 걷기"라고 생각하던 내게 이런 글귀가 들어왔다. "목회, 그 영원한 가슴앓이" 그 글에는 이런 대목이 있다. "목회자에게는 무기도 없고 법적인 힘도 없습니다. 그에게는 양떼를 사랑할 의무만 있지 양떼를 의지할 권리는 없습니다. 왜냐하면 그는 오직 주님께로부터만 보내심을 받았기 때문입니다."

이 글을 읽으면서 목회를 생각해 본다. 목회자는 사람이면서 목자란 의미다. 사람이 목자로 살 때 목회자라고 부른다. 하지만 선한 목자가 되어 희생하고 사랑만 하기엔 너무나 어렵다. 목회의 길은 보일듯하다가 또 보이지 않는다. 쉬운 듯하지만 쉽지 않다. 목회는 신비다. 종합예술이다. 창조성도 있어야 하지만, 계시성도 있어야 한다.

목회의 모델은 목회자 상에 따라 결정된다. 목회자는 항상 기도해야 한다. 목회의 길을 잃어버리지 않기 위해서이다. 또 항상 공부해야 한다. 목회를 예측하는 안목을 얻기 위해서이다. 또 상황과 환경에 민감해야 한다. 교회에 다가오는 변화를 수용해야 되기 때문이다. 무엇보다 목회의 삶을 사는 일에 성공해야 한다. 즉 어떤 업적을 쌓기보다 먼저 자기 관리에 집중해야 한다. 목회자가 지켜야 할 거룩성에 있어서 분명한 구별이 있어야 한다. 왕도가 없는 현대의 다양한 모델을 살펴보자.

1	섬김의 종	목자의 모델	자신을 비운 종의 위치에서 사랑스런 어버이로 회중을 섬기는 것
2	정치적	예언자적 모델	교회가 사회 안에서 의식을 깨우치는 역할의 목회
3		설교와 교사적 모델	종교 개혁의 선구자들에게서 찾는 모델
4	전도자	은사적 모델	빌리 그래함(Billy Graham)의 사역
5	실용적	삶의 증진 모델	노만 V. 필(Noman Vincent Peale), 로버트 슐러(Robert Schuller)의 메시지
6	관리자	촉진자 모델	행정가로서의 목회도 필요하나 궁극적 목표는 아님
7	의전적	축제 모델	전통적인 목회자상
8		전문화된 봉사 모델	결혼 상담이나 병원 목회, 학원 목회 등 다양한 목회

오늘의 위기는 교회가 무엇을 하는지 모를 만큼 세속적 가치에 무너지고 있다는 것이다. 목회적 돌봄을 치료, 양육, 인도로 구분한 힐트너(Seward Hiltner)의 관점마저도 찾기 어려운 때를 지내고 있다. 다니엘 젠킨스(Daniel T. Jenkins)는 『목회의 선물』이라는 책에서 "목회의 본질에 관한 불확실성과 애매모호함은 현대인의 본성과 기능에 대한 불확실성과 애매모호함을 가중한다."고 하였다.

이런 상황 속에서 우리는 목회의 본질이 무엇인지 되새기고 반성할 필요가 있다. 교회의 성장에도 불구하고 우리는 계속해서 건강한 교회에 대해 질문한다. 다른 말로 풀어 말한다면 "①우리는 예수 그리스도의 교회인가? ②우리는 예수 그리스도의 복회자인가?"라는 것이다. 필자는 목회의 본질은 예수 그리스도에 의해 결정된다고 여기고 지금까지 목회를 하였다. 목회의 출발점으로 예수 그리스도의 인격과 목회를 취해야만 한다. 우리들의 목회는 '예수 그리스도의 목회'여야 한다.

1. 예수 그리스도의 목회

① 잃어버린 양을 찾는다.

② 하나님의 나라를 선포한다.

③ 소그룹을 만든다.

④ 사람들의 죄에 대한 용서이다. 그의 치료는 하나님의 무한한 사랑이다.

⑤ 고난 받는 종-십자가는 예수께서 그의 화해의 목회를 완성시킨 수단이다.

여기에서 특히 집중해야 하는 것은 소그룹, 즉 12명의 제자를 세웠다는 것이다.『주님의 전도계획』의 저자 로버트 콜만(Robert E. Coleman)에 따르면 주님의 방법은 사람이었고, 그것도 소수에게 집중하심을 알 수 있다. 공생애 2년 중반쯤 지나서 예수님은 소수의 제자를 선택하고 집중하셨다. 예수님은 제자들을 부르사 그 중에서 열둘을 택하여 사도라 칭하셨다(눅 6:13-17, 막 6:30).

물론 예수님이 열두 사도를 택하신 후에 다른 사람들이 그를 따르지 못했다는 뜻은 아니다. 그러나 예수님은 12명 중에서도 특히 베드로, 야고보, 요한은 다른 아홉보다 주님의 특별한 관계를 누렸다. 야이로의 딸이 병 고침 받는 자리에 초정되었고(막 5:37, 눅 8:51), 주님과 함께 변화산에 올라갔다. 겟세마네의 기도자리에도 주님과 가까운 곳에서 기다렸다.

예수님은 따르는 허다한 무리보다 12명의 제자를 선택하고, 그 중 3명에게 집중하셨다. 이런 현상을 예수님이 편애한다고 불평할 수도 있다. 하지만 편애가 바른 정신과 바른 이유 때문이라면 불평하는 마음 때문에 본질을 놓쳐서는 안 될 것이다.

2. 하나님의 백성으로서의 교회

카네기 캘리언(Carnegie Samuel Calian)의 책『내일의 세계에서 오늘의 목회』에서 발췌한 글을 옮겨 보면 원시 기독교는 평신도 운동이었다. 평신도와 목회자는 모두 '하나님의 백성'이다. 유대교나 로마 제국에 의해서 배척받던 초기 기독교인들 가운데는 제사장 계급에 속한 사람은 거의 없었다. 예수 자신도 제사장 가운데서 태어나지 않으셨다. 그럼에도 불구하고 대제사장이신 그리스도(히 4:14)

안에서 그들은 '왕 같은 제사장(벧전 2:10)'이 된 것이다. 사도행전 1장 15절과 6장 5절에서는 사도적 교회 전체가 '하나님 백성'의 개념과 동일시되고 있으며 고대 니케아 시대의 순교자인 저스틴(Justin Martyr)과 오리겐(Origne)도 평신도였다. 평신도와 목회자는 모두 하나님의 백성인 셈이다.

그러나 콘스탄틴 시대 이후 하나님의 백성인 평신도의 역할은 점점 축소되었다. 교회는 점차 서방 중심으로 성직자가 지배하게 되었다. "교회는 주교(Bishop)가 있는 곳이다."라고 말한 키프리안(Cyprian)의 명제가 보여주듯 모든 믿는 자들의 온전한 친교의 개념을 내포하는 라오스(λαος)의 개념은 밀려났다. 즉 성서가 밀려난 것이다. 그리고 성직자와 평신도는 교회 내의 등급으로 분리되었다.

종교 개혁은 이 같은 잘못된 이분법을 '만인 제사장직'의 재발견으로 치유하려 하였다. 그러나 그렇게 되지 못한 채 오늘에 이르고 있다. 21세기 현대사회의 교회는 점점 대형교회(Mega Church)를 지향하며 조직화되고 계급화 되어 간다. 이원규는 『기독교의 위기와 희망』에서 한국교회의 목회 패러다임을 네 가지로 분석한 바 있다. 첫째 '성장 중심'의 목회, 둘째 '신앙 중심'의 목회, 셋째 '교회 중심'의 목회, 넷째 '조직 중심'의 목회가 그것이다.

성장 중심의 목회에는 익명성을 요구하는 교인들이 몰려들기 마련이다. 대형교회의 결정적인 약점은 지나치게 조직화, 제도화, 관료화 되면서 공동체성이 사라진다는 점이다. 교인들에 대한 인격적인 돌봄이 어려워지게 된다. 그렇기 때문에 미래를 위한 교회의 목회는 평신도 목회이다(lay ministry). 이 말은 평신도가 성직자와 대립하거나, 계급이나, 등급으로 나뉘어서는 안 된다는 말이다.

미래 목회의 대안은 목회자 중심에서 평신도 중심으로의 전환에 있다. 목회자가 평신도의 할 일을 모두 맡아 하다 탈진하는 목회를 지양하여야 한다. 교회는 일종의 유기체로서, 각 지체들이 나름의 역할을 충분히 할 때 건강하게 성장할 수 있다. 우리 몸 중 하나가 기능을 하지 않게 되면, 온 몸이 고통을 당하고 병들게 마련이다.

모든 믿는 자들은 세례를 통하여 자기들의 재능과 시간을 바치도록 부름 받았음을 알아야 한다. 모든 '하나님의 백성들(평신도, 성직자)'은 목회, 즉 섬김을 수행해야 한다. 또 미래를 위한 교회의 목회는 소그룹 목회이다. 소그룹 목회는 평신도가 사역하는 목회이기에 더욱 더 건강한 교회를 위해 필요한 것이다.

3. 공동 목회자로서의 평신도 (속회)

평신도는 세상과 교회의 두 영역을 직면하고 있다. 평신도들은 세상 속에서 자신이 크리스천임을 숨기려 하며, 교회 속에서는 스스로를 목회자에 대한 주말 원조자(Weekend helper)로 생각한다. 그 결과, 교회 내에서 평신도와 성직자의 다른 게토(ghetto)가 나타나 진정한 소통이 사라진다. 평신도주의와 성직자주의 모두는 '라오스 투 데우($\lambda\alpha o\varsigma$ τοû θεου: 하나님의 백성)'의 정신에 위배되는 것이다.

평신도는 자신이 어떠한 세속적 직업을 가졌든지 간에 사역자로 부름 받았음을 깨달아야 한다. 한편, 목회자는 자신을 전체 하나님의 백성에 속한 교회의 생명과 선교 안에서 대중의 신학자로 임명된 세례 받은 평신도로 여겨야 한다. 결국 목회자(Minister)란 교회 회원 전체이다.

카네기 캘리언은 평신도 지도력을 바로 인식하기 위해 목회자들은 다음의 4단계에 주의를 기울여야 한다고 다음과 같이 조언 한다.

① 신학 교육의 높은 과정이 평신도를 위하여 마련되어야 한다.
② 목회자의 좌우명 : 평신도에게 더 적합한 일을 자기가 하지 않는다.
③ 슈퍼스타나 위에서 내려온 메시아가 되려는 유혹을 피하고 싶은 목회자는 처음부터 회중들에게 '교회는 신자들에게 속한 것'이라는 점을 고백해야 한다.
④ 목회자는 사회적 필요에 대하여 평신도 가운데 적합한 사람이 사역하도록 격려해야 한다.

4. 소그룹을 통한 평신도 목회

빌 도나휴(Bill Donahue)는, 소그룹의 가치를 그의 책『윌로우크릭 교회 소그룹 이야기』에서 말한다.

① 서로 인정해 주고 격려해 줄 수 있다는 점
② 그룹원들이 갖고 있는 자원들이 언제든지 사용될 수 있다는 점
③ 함께 기도할 수 있다는 점
④ 마음이 열릴 수 있다는 점
⑤ 신뢰를 바탕으로 정직한 관계가 형성될 수 있다는 점
⑥ 서로의 의견이 존중될 수 있다는 점
⑦ 어떤 대화나 나눔이든 비밀이 보장될 수 있다는 점
⑧ 다른 그룹원에 대하여 즉각적이고 예민한 반응을 보일 수 있다는 점
⑨ 서로에 대한 책임감을 가질 수 있다는 점
⑩ 소그룹 확립을 위해 빈자리를 채우는 전도가 용이하다는 점
⑪ 그룹 배가에 대한 보람을 맛볼 수 있다는 점

성경으로 돌아가 보면 초대 교회가 역동성을 가졌던 이유는 성전에서의 모임과 집에서의 모임이라는 두 유형의 모임이 있었기 때문이다. "그들이 날마다 성전에 있든지 집에 있든지 예수는 그리스도라고 가르치기와 전도하기를 그치지 아니하니라(행 5:42)" 성령을 받은 마가의 다락방 모임의 교회는 두 유형으로 모였다. "날마다 마음을 같이하여 성전에 모이기를 힘쓰고 집에서 떡을 떼며 기쁨과 순전한 마음으로 음식을 먹고(행 2:46)"라고 하였다.

성전에서는 가르침을 받았다. 예배하고 기도하였다. 집에서는 돌봄과 교제, 나눔의 삶을 경험하였다. 오늘의 교회 안에도 사도행전적 기름 부으심이 회복되어야 한다. 그리고 그것은 큰 모임과 동시에 작은 모임이 살아나는 것으로부터 시작된다. 즉 한국 교회는 더 커지면서 동시에 더 작아져야 한다. 교회 안의 소그룹, 그것이 교회의 하부 조직으로서가 아니라 교회 그 자체로, 교회 안의 작은 교회로서 존재해야 한다. 즉, 소그룹은 교회 행정에 의해 관리되어야 하는 조직이 아니라 교회를 교회답게 하는 누룩 공동체, 작은 교회이다.

5. 교회 안의 작은 교회

'교회 안의 작은 교회(ecclesiola in ecclesia)'라는 용어는 필립 스페너(Philip Jacob Spener)목사의 '거룩한 사적 모임'이 비판을 받는데서 나온 것이다. 이에 대해 스페너는 '거룩한 사적 모임(collegia pietatis)'은 교회로부터의 분리가 아니고, 교회 안의 작은 교회라고 표현하여 설명하였다. 스페너의 이 유산을 웨슬리가 접하게 되었다.

그러나 웨슬리는 경건주의 유산을 받았으면서도 내면상 신앙의 정숙주의를 벗어나지 못한 모라비안(Moravian)들의 삶의 도피성을 보고 그들과 결별을 하였다. 그후 1742년에 시작한 속회는 평신도 사역으로서 전도, 구제, 헌금 그리고 성화의 모임으로 확장되어 갔다. 돌봄으로 시작한 작은 속회가 밴드를 흡수하면서 성화를 목적으로 하는 소그룹 속회가 된 것이다.

은준관은 『속회의 뿌리를 찾아서』라는 글에서 속회를 반드시 교회 안의 작은 교회로 이해하고 해석해야 한다고 언급한다. 이 틀에서 벗어난 속회 이해는 분리주의로 나가게 되든지, 교회의 하부조직으로 떨어져 교회 프로그램의 도구로 되어버리는 우를 범하게 된다고 한다. 속회는 공교회의 신앙과 선교라는 공동체적인 구조 안에서 비공식적인 교회 자체가 되어야 한다. 속회는 지역에 뿌리를 내리는 공교회의 전초이기 때문이다.

그러므로 소그룹으로서의 속회 회복은 교회를 교회되도록 회복하는 목회이며, 21세기 미래 목회에 대한 대안이기도 하다. 그것은 철저히 목회자 중심이 아닌 평신도 중심 목회로의 전환이기 때문이다.

결론

교회는 앞으로 어떤 일을 직면하게 될까? 하워드 슈나이더(Howard A. Snyder)는 21세기를 '가속화의 세계'라고 하였다. 앞으로 기계의 노예화, 자연의 파괴와 재앙, 가정 해체, 아버지의 부재가 가속화 될 것이다. 익명성과 기동성이라는 도시 생활에 갇힌 현대인은 변화의 가속화가 파도를 이루어 사회 구조를 뒤엎고, 가치관을 정복하고, 파괴의 시대와 종말의 시대로 이끌어 갈 것이다.

21세기 교회는 '낙관과 부정 사이'에 서 있다. 복음을 전하는 예수 그리스도의 교회가 되기 위해서 단순하지만 바람직한 교회로 나아가야 한다.

① 어머니형 교회가 되어야 한다 : 아버지형 교회에서 돌봄의 교회로
② 카리스마적 교회가 되어야 한다 : 듣는 교회에서 보는 교회로
③ 기동부대형 교회가 되어야 한다 : 상황에 따라 무대응으로 있는 교회가 아니라 전략으로 대응하는 교회로
④ 싸매는 교회가 되어야 한다 : 해체와 파괴의 상처를 치유하는 교회로
⑤ 소그룹 교회가 되어야 한다 : 세상과의 싸움에서 승리하기 위한 교회를 이끄는 목회를 하려면 평신도 목회가 돼야 한다. 소그룹 목회로 가야 한다. 칼 조지(Carl George)는 미래형 교회인 메타교회(Meta Church)는 소그룹을 통한 교회 활동을 강조하고, 목회자는 평신도 훈련을 위한 사역에 많은 시간과 노력을 투자해야 한다고 말했다. 미래교회는 이러한 방향으로 변화할 것이다. 그리고 어떻게 교회가 건강해질 것인가는 여전히 고민할 과제이다.

평신도들은 그 소중한 변화의 흐름 안에 있다. 이제 평신도들은 목회자의 안목으로 걸어가야 한다. 목회자는 평신도를 춤추게 하는 피리를 불 수 있어야 한다. 평신도와 목회자는 모두 다 '하나님의 백성($\lambda\alpha\text{ος}\ \text{τοῦ}\ \theta\text{εου}$)'이다.